创新思维与创新方法 TRIZ

主　编　胡选子
副主编　李　淼　房晓东
参　编　彭　勇　李　斌　刘　伊

清华大学出版社
北　京

内 容 简 介

本书由 12 个项目组成：认识创新和创新思维、认识 TRIZ 创新方法、创建功能模型、实施因果链分析、实施剪裁、实施特性传递、应用功能导向搜索、应用 40 个发明原理、解决技术矛盾、解决物理矛盾、应用标准解法、认识工程系统进化趋势。本书通过实际的任务驱动方式来学习发明问题解决理论，为人们在创造性解决问题过程中存在的思维障碍提供了更佳的方法，使实现创新有客观规律可循，能像解决一般技术问题一样有方法、有步骤地进行。

本书可作为各大中专院校的教学用书。

本书封面贴有清华大学出版社防伪标签，无标签者不得销售。
版权所有，侵权必究。举报：010-62782989，beiqinquan@tup.tsinghua.edu.cn。

图书在版编目（CIP）数据

创新思维与创新方法 TRIZ / 胡选子主编. — 北京：清华大学出版社，2020.8（2024.9重印）
ISBN 978-7-302-56232-0

Ⅰ. ①创… Ⅱ. ①胡… Ⅲ. ①创造学 Ⅳ. ①G305

中国版本图书馆 CIP 数据核字（2020）第 151511 号

责任编辑：邓　艳
封面设计：刘　超
版式设计：文森时代
责任校对：马军令
责任印制：杨　艳

出版发行：清华大学出版社
网　　址：https://www.tup.com.cn，https://www.wqxuetang.com
地　　址：北京清华大学学研大厦 A 座　　邮　编：100084
社 总 机：010-83470000　　邮　购：010-62786544
投稿与读者服务：010-62776969，c-service@tup.tsinghua.edu.cn
质量反馈：010-62772015，zhiliang@tup.tsinghua.edu.cn

印 装 者：大厂回族自治县彩虹印刷有限公司
经　　销：全国新华书店
开　　本：185mm×260mm　　印　张：10　　字　数：231 千字
版　　次：2020 年 9 月第 1 版　　印　次：2024 年 9 月第 7 次印刷
定　　价：36.00 元

产品编号：085475-01

前　言

创新是一个民族进步的灵魂，是科技和经济发展的原动力。要建设创新型国家，核心是要增强自主创新能力。要增强自主创新能力，创新方法必须先行。创新方法有很多种，但经过多年的研究和实践，人们发现，1946年由苏联专家阿奇舒勒创立的发明问题解决理论（TRIZ），是目前世界上公认的较全面、系统的解决发明创造问题的理论，该理论非常适合解决技术冲突，是实现技术创新的有力工具。

本书由12个项目组成，项目1认识创新和创新思维、项目2认识TRIZ创新方法，由房晓东编写；项目3创建功能模型、项目4实施因果链分析，由胡选子编写；项目5实施剪裁由刘伊编写；项目6实施特性传递、项目7应用功能导向搜索和项目8应用40个发明原理由彭勇编写；项目9解决技术矛盾、项目10解决物理矛盾由李斌编写；项目11应用标准解法、项目12认识工程系统进化趋势由李淼编写。本书通过实际的任务驱动方式来学习发明问题解决理论，为人们在创造性解决问题过程中存在的思维障碍提供了更佳的方法，使实现创新有客观规律可循，能像解决一般技术问题一样有方法、有步骤地进行。

感谢重大专项"航空发动机及燃气轮机重大专项基础研究科研项目 2017-I-0011-0012与2017-I-0007-0008"及华南理工大学中央高校项目"面向工业设计的产品系统化创新研究"（x2sjC2181490）的资助。本书也是2018年省高等职业教育教学质量与教学改革工程教育教学改革研究与实践项目"基于'工匠精神'的创客培育学校'项目资源池（PR-POOL）'模式研究"的阶段性成果（课题批准号：GDJG2019008）。

由于编者的水平与学识有限，书中难免存在不足和疏漏，敬请广大读者批评指正。

编　者

目　　录

项目1　认识创新和创新思维 1
    任务1　理解创新的重要性 1
    任务2　培养创新思维和创新人才 4
    任务3　克服思维惯性的创新方法 6
    小结 12
    习题 12

项目2　认识TRIZ创新方法 14
    任务1　认识TRIZ 14
    任务2　了解TRIZ认证体系 17
    小结 20
    习题 20

项目3　创建功能模型 21
    任务1　理解工程系统和超系统 21
    任务2　理解现代TRIZ中的功能 24
    任务3　分析及建立功能模型 29
    小结 32
    习题 33

项目4　实施因果链分析 34
    任务1　理解因果链分析 34
    任务2　识别因果链中的缺点 36
    任务3　掌握因果链分析方法 39
    小结 42
    习题 42

项目5　实施剪裁 44
    任务1　理解剪裁 44
    任务2　选择剪裁组件 47
    任务3　建立剪裁规则 48
    任务4　功能再分配 50
    任务5　创建剪裁模型 53
    小结 54

习题 54

项目 6　实施特性传递 56
任务 1　掌握特性转移 56
任务 2　实施特性传递 59
小结 64
习题 64

项目 7　应用功能导向搜索 65
任务 1　掌握功能导向搜索 65
任务 2　实施功能导向搜索 67
小结 71
习题 71

项目 8　应用 40 个发明原理 73
任务 1　了解发明原理 73
任务 2　掌握与结构相关的发明原理 75
任务 3　掌握与时间相关的发明原理 83
任务 4　掌握与效应相关的发明原理 89
任务 5　掌握与能量相关的发明原理 95
任务 6　掌握与动作相关的发明原理 96
任务 7　掌握其他无法归类的发明原理 100
小结 104
习题 104

项目 9　解决技术矛盾 106
任务 1　理解技术矛盾 106
任务 2　熟悉 39 个通用技术参数 108
任务 3　学习应用矛盾矩阵 111
任务 4　应用矛盾矩阵解决问题案例 113
小结 117
习题 117

项目 10　解决物理矛盾 119
任务 1　理解物理矛盾 119
任务 2　掌握 4 种分离原理 121
任务 3　应用分离原理解决物理矛盾案例 125
小结 129
习题 129

项目 11　应用标准解法 131
　　任务 1　理解应用标准解法的基本概念 131
　　任务 2　理解标准解分类与应用流程 134
　　任务 3　了解标准解体系 136
　　小结 142
　　习题 142

项目 12　认识工程系统进化趋势 144
　　任务 1　了解系统进化趋势的基本概念与结构 144
　　任务 2　了解典型进化趋势 145
　　小结 148
　　习题 149

参考文献 150

项目 1 认识创新和创新思维

【学习目标】

通过本项目的完成,读者将掌握如下知识和技能:
- 理解创新的重要性;
- 明确培养创新思维和创新人才的要求;
- 能用九屏幕法、STC 算子法、小人法和最终理想解等创新方法分析实际问题,提出解决方案。

任务 1 理解创新的重要性

任务描述

创新是一个民族进步的灵魂,是科技和经济发展的原动力。创新能力的培养首先是创新观念的培养和创新冲动的培育,其次才是创新思维的形成和创新技法的掌握,因此在学习创新方法前,首先要了解什么是创新和创新的重要性。

任务分解

本任务可以分为 4 个子任务:
子任务 1:了解创新的内涵;
子任务 2:了解创造的内涵;
子任务 3:理解创造和创新的区别;
子任务 4:理解创新的重要性。

任务实施

1. 了解创新的内涵

美籍奥地利经济学家约瑟夫·熊彼特在 1912 年出版的《经济发展理论》中首次提出了创新理论。熊彼特认为,创新就是把一种从来没有过的关于生产要素和生产条件的"新组合"引入生产体系,可以从以下 5 个方面进行组合:

(1)引入一种新产品或提供一种产品的新质量。

（2）采用一种新的生产方式。
（3）开辟一个新市场。
（4）获得一种降低成本的新来源。
（5）实行一种新的企业组织形式。

我国学者认为，创新的内涵有狭义和广义之分。狭义的创新即指熊彼特的创新概念。广义的创新是指相对旧事物创造出有新形式、新内容的新事物。这些新事物包括先前所没有的内容，也包括在实践中首次运用新科学、新技术、新发明、新创造的一切活动。

创新概念包含的范围很广，既有涉及技术性变化的创新，如技术创新、产品创新、过程创新，也有涉及非技术性变化的创新，如制度创新、政策创新、组织创新、管理创新、市场创新、观念创新等。

2. 了解创造的内涵

创造是指"第一次提出、造出的东西"，是首次产生物质或精神成果的行为。《辞海》中对创造的解释是："做出前所未有的事情。"

我国学者认为，创造有狭义和广义之分。狭义的创造指的是科学、技术、理论、方法和产品（包括精神产品和物质产品）在世界范围内的首次产生。它是一种"从无到有"的过程，故也被称为首创和原创。狭义的创造将"对已有事物进行改进"排除在外。而广义的创造是指创造主体首次独立地做成自己从未做成功过、也不知别人做成功过，或知道别人做成功过但不知道别人是如何做的，并有益于社会发展的事情。

做成功的事情是创造。做的过程、做的方法，如果满足新颖条件，也是创造。前者为物品（泛指物质物品和精神物品）创造，后者为方法创造。

3. 理解创造和创新的区别

从《词源》来看，创造和创新不仅在汉语词汇组合上不同，而且在英语中，创造（creation）和创新（innovation）的基本含义也由不同的词汇来表达。creation 和 innovation 都来自拉丁文。creation 最初的拉丁文本意是"种植"和"生长"，意味着从无到有。innovation 的拉丁文词根 nova 表示"新的"意思，加上前缀 in 导致动词化，具有"更新"的含义，意味着对原来已有的东西加以更新和改造。由此可见，创造表示一个从无到有的发生过程，创新则体现在对现有事物的更新改造过程中。二者虽然都能给予认识主体一种"全新"的感觉，但是作为结果，前者意味着"从未见过"的结果，后者则给人一种"旧貌换新颜"和"推陈出新"的感觉。

4. 理解创新的重要性

中国已成为一个国际公认的制造业大国，但中国还不是制造业强国，也不是一个创新大国。由于知识产权不在中国，一些在中国制造的、附加值较高的商品，其大部分利润并不能归属中国。如图 1-1 所示为某触摸式发声地球仪在整个生产流通过程中的利润分配，这是一个真实的案例，从图中可以看出，美国某公司设计了一种触摸式发声地球仪，只要触摸地球仪上任何国家的位置，地球仪就会自动报出国名。这个产品的市场定价是 88 美元，他们将订单下给香港公司，收购价为 40 美元，香港公司以 20 美元的价格将订单给广东外贸公司，外贸公司则又以 15 美元的价格包给广东或江苏的工厂，如果工厂顺利，就能挣得 3 美元的利润，尽管中国耗费了大量的原材料，但所获的利润远不如国外开发公司，而这还没有包含工厂设备投资、风险预估等。

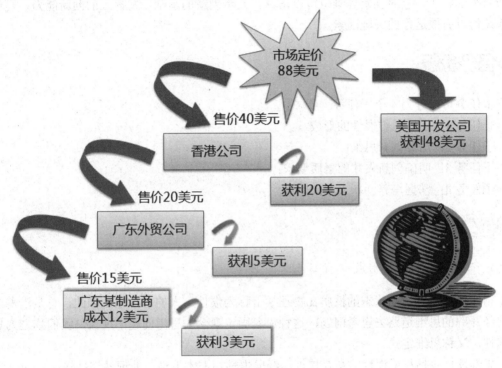

图 1-1 触摸式发声地球仪的利润分配

这个案例听起来似乎有点悲哀，但更悲哀的是这样的案例不在少数，例如，一台出口 DVD 售价 32 美元，交给外国人的专利费是 18 美元，中国企业只能赚取 1 美元的利润。市场价 120 美元的耐克鞋，出厂价 12 美元，中国企业只有 1.8 美元的利润。据美国《纽约时报》报道，每销售 1 部售价 600 美元的 iPhone 4，苹果公司可以从中获得 360 美元的利润，其利润占整个产品利润的 90%，而富士康等中国组装企业所获利润则仅占整个产品利润的 2%左右。在过去的二十多年里，中国的制造企业经历了十分迅速的发展阶段，但是由于我们缺乏自主创新能力，没有自己的知识产权，导致我们国家的制造企业长期处于国际化产业链的下游，高额的利润大多数被西方国家获得，我国的制造企业长期处于国际竞争的不利地位。以上案例表明，只有创新，才能拥有知识产权，才能不断提高企业核心竞争力，才能在国内外市场竞争中赢得主动权。

任务2 培养创新思维和创新人才

任务描述

创新需要创新思维，创新思维是创新实践、创造力发挥的前提和保证，创新思维是人类所具有的特质，同时创新思维也可以培养。人是创新的基础，发挥人的创新能力，是创新系统得以有效运作的关键因素。

任务分解

本任务可以分为4个子任务：
子任务1：了解思维惯性的形成；
子任务2：培养创新思维；
子任务3：明确创新人才的素质要求；
子任务4：掌握培养创新人才的路径。

任务实施

1. 了解思维惯性的形成

物体保持原有运动状态的性质在物理学上称为惯性。人的思维也是如此，总是沿着前人已经开辟的思维道路去思考问题，这种沿着固定观念去思考问题的现象，我们称之为思维惯性，又称思维定式。

思维惯性包括权威惯性、从众惯性、经验惯性、书本惯性、非理性惯性等。

从心理学的观念来看，思维惯性是人的一种与生俱来的自然能力，是充分认识周围世界时应该具有的一个必要素质，在许多情况下它可以帮助人们很快地找到解决问题的方法，加快学习知识的速度。但从创新的观点来看，思维惯性通常是有害无益的。思维惯性是影响创新能力发挥的关键因素，如果人们陷于习惯性思维、单向思维、线性思维，在解决问题时只能机械地重复原先的行为，就很难产生创新和灵感。

法国心理学家贝尔纳说："妨碍人们学习的最大障碍，并不是未知的东西，而是已知的东西，这种已知的东西构成思维惯性，往往成为人们认识、判断事物的思维障碍。"学习创新方法，培养创新思维，就是要打破思维惯性，跳出现有的思维模式和圈子，以创新的思路和视角看待问题、分析问题、解决问题，养成创新性思维的习惯。

2. 培养创新思维

创新思维是指以新颖独创的方法解决问题的思维过程，通过这种思维能突破常规思维的界限，以超常规甚至反常规的方法、视角去思考问题，提出与众不同的解决方案，从而产生新颖的、独到的、有社会意义的思维成果。如爱因斯坦所说，创新思维是一种新颖而有价值的，非传统的，具有高度机动性和坚持性，而且能清楚地勾画和解决问题的思维能力。创新思维不是天生就有的，它是通过人们的学习和实践不断培养和发展起来的。

要更好地开发创新思维，应当首先对创新思维的主要特点和本质特征有一个明确的认识和准确的把握。创新思维的特点主要有以下几点：

（1）开拓性和独创性。

创新思维不同于常规思维，其探索的方向是客观世界中尚未认识的事物规律，所要解决的是实践中不断出现的新情况和新问题，因此，创新思维在思路的探索上、思维的方法上或者在思维的结论上要具有"前无古人"的独到之处，能从人们"司空见惯"或"完美无缺"的事物中提出怀疑，发表新的创见，做出新的发现，实现新的突破。

（2）灵活性和发散性。

创新思维活动是一种开放的、灵活多变的思维活动，它不局限于某种固定的思维模式、程序和方法，创新思维表现为可以灵活地从一个思路转向另一个思路，多方位地试探解决问题的方法。

（3）探索性和风险性。

创新思维是一种探索未知的活动，它是在探索中发现和解决问题的，没有成功的经验可以借鉴，没有现成的方法可以套用，因此创新思维的过程是极其艰苦的探索过程，另外，其结果也不能保证取得成功。

（4）综合性和概括性。

在创新思维中要善于选取前人智慧宝库中的精华，通过巧妙结合形成新的成果，能把大量的概念、事实和观察材料综合在一起，加以抽象总结，形成科学的结论和体系，能对已有的材料进行深入分析，把握其中的个性特点，然后从这些特点中概括出事物发展的规律。

3. 明确创新人才的素质要求

要建设创新型国家，人才培养是关键。所谓创新人才，是指具有创新意识、创新精神、创新思维、创新知识、创新能力并具有良好的创新人格，能够通过自己的创造性劳动取得创新成果，在某一领域、某一行业、某一工作上为社会发展和人类进步做出创新贡献的人。

创新人才的创造力和全面素质是一个国家核心竞争力的决定因素，创新人才素质的培养已经成为世界各国关注的重点。创新人才的素质主要包括以下几个方面：

（1）有大无畏的进取精神和开拓精神。

（2）有较强的永不满足的求知欲和永无止境的创造欲望。

（3）有强烈的竞争意识和较强的创造才能。

（4）具备独立完整的个性品质和高尚情感等。

4. 掌握培养创新人才的路径

明确了对创新人才的素质要求，创新人才的培养可以从以下几个方面开展：

（1）培养创新意识。

培养创新意识首先要培养坚定的创新信心，只有相信自己具有创新能力，才能充满自信地大胆去想去做，才有可能进行创新；其次要培养善于观察事物和发现问题的能力，具有强烈的好奇心，对所见到的事物善于观察、善于提问，爱因斯坦认为，发现问题可能要比解答问题更重要。

（2）学习一些创新思维方法与技法。

创新技法是在创新活动中运用创新思维和创造学原理进行创新的具体技巧。在解决各种实际问题时，如果借助一些创新技法，将比只采用传统设计方法获得更广阔的研究视野、更高的观点水平、更多的思考角度，就更容易产生新的突破，因此，学习一些创新思维方法与技法是非常必要的。

（3）加强创新实践。

通过听课、阅读等学习手段只能从理论上了解一些创新的基本知识和技法，离真正掌握创新知识和技法还有很大差距，因此建议在理论学习后，要从企业或生活实际中找到真实的实践项目，这对提高创新能力很有帮助。

任务3 克服思维惯性的创新方法

任务描述

克服思维惯性是创新的关键，克服思维惯性需要一定的方法和必要的训练。常见的克服思维惯性的方法有很多，如九屏幕法、STC算子法、小人法、最终理想解、智力激励法、联想法、形象思维法和缺点列举法等，本任务将着重介绍前面4种方法。

任务分解

本任务可以分为4个子任务：
子任务1：学习系统的九屏幕法；
子任务2：学习STC算子法；
子任务3：学习小人法；
子任务4：学习最终理想解。

任务实施

1. 学习系统的九屏幕法

完成某个特定功能或职能的各个事物的集合称为技术系统，简称为系统。根据系统论的观点，系统由多个子系统组成，并通过子系统间的相互作用实现一定的功能。系统之外的高层次系统称为超系统,系统之内的低层次系统称为子系统,我们要研究的或问题发生的系统称为当前系统。

九屏幕法是指由当前系统(又称为技术系统)、子系统、超系统,以及这3个系统的过去、现在、未来组成的9个屏幕的思维方法,九屏幕法是一种分析问题的方法,该方法试图通过对问题在不同的层次和时间点上进行详细的分析以获得解决问题的创新思路,如图1-2所示。

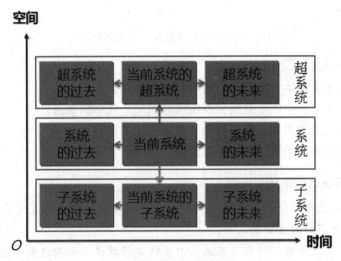

图1-2 系统的九屏幕法

当前系统的定义与需要解决的具体问题有关。根据研究重点的不同,同一个物体既可以被看作系统,也可以被看作子系统或超系统。以自行车为例,如重点研究的是自行车车轮的性能,就可以将其作为当前系统,那么整车就是其超系统,而钢圈、轮胎等就是它的子系统,如图1-3所示。如将自行车整车作为系统,那么车轮就成为其中的一个子系统,而它的超系统可以是包括了自行车道、红绿灯等与自行车交通有关的道路系统,如图1-4所示。

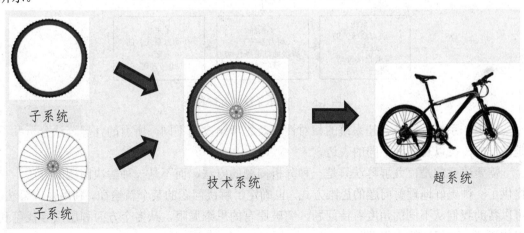

图1-3 自行车车轮的技术系统、子系统和超系统

图1-4 自行车的技术系统、子系统和超系统

利用九屏幕法可以从不同角度分析待解决的问题，其步骤如下：
（1）先从技术系统本身出发，考虑可利用的资源。
（2）考虑技术系统中的子系统和系统所在的超系统中的资源。
（3）考虑系统的过去和未来，从中寻找可利用的资源。
（4）考虑超系统和子系统的过去和未来。

【例1-1】解决自行车防盗问题。

通过自行车的九屏幕分析（见图1-5），如果要解决自行车的防盗问题，可以考虑在其子系统和超系统上得到解决方案。如：
（1）在子系统上考虑，对自行车的动力系统进行改造，从而达到防盗的目的。
（2）在超系统上考虑，设计一个智能自行车库，以实现自行车的防盗。

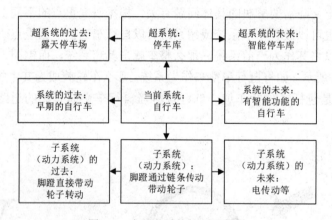

图1-5 自行车系统的九屏幕法

由于子系统、系统、超系统的相对性以及思考角度的不同，所得的九屏幕法分析并不是唯一的，可以有多种不同的表达。

需要注意的是，九屏幕法只是一种分析问题的方法，而不是一种解决问题的方法。它提供了一种更好地理解问题的思维方式，也确定了解决问题的某个新途径。利用九屏幕法，可以帮助我们从不同的角度看待问题，突破原有的思维局限，从多个方面和层次寻找可利用的资源，更好地解决问题。

2. 学习 STC 算子法

STC 算子法就是从物体的尺寸（size）、时间（time）、成本（cost）3个不同方面进行思考，打破对物体尺寸、时间和成本固有的认识，进行创新思维的方法，是一种让大脑进行有规律的、多维度思维的发散方法。

应用 STC 算子法的目的：

（1）克服由于思维惯性产生的障碍，打破原有的思维束缚，将客观对象由"习惯"概念变为"非习惯"概念。

（2）通过尺寸、时间和成本三个纬度的分析，迅速发现对研究对象最初认识的误差。

（3）通过认识误差的分析，重新定位、界定研究对象，使"熟悉"的对象陌生化。

（4）用 STC 算子法思考后，可以在分析问题的过程中发现系统中存在的技术矛盾或物理矛盾，以便在后续的解题过程中予以解决，很多时候改变原来的思路就可以找到问题的解决方案。

STC 算子法的分析过程：

（1）明确研究对象现有的尺寸、时间和成本。

（2）想象对象的尺寸无穷大（$S \to \infty$），无穷小（$S \to 0$）。

（3）想象过程的时间或对象运动的速度无穷大（$T \to \infty$），无穷小（$T \to 0$）。

（4）想象成本（允许的支出）无穷大（$C \to \infty$），无穷小（$C \to 0$）。

【例 1-2】 摘苹果问题。

使用活梯来采摘苹果的常规方法劳动量相当大，如何更加方便、快捷、省力地摘苹果呢？

为了解决这个问题，我们使用 STC 算子方法，从尺寸、时间和成本 3 个方面进行思考，寻求解决方案。

（1）从尺寸角度出发进行考虑。

① 设想苹果树的尺寸（高度）为无穷小。如果苹果树的尺寸为无穷小，摘苹果就不需要附加设备。根据这一设想，可以从如何培育低矮的苹果树入手，也可以挖一些深沟，在沟里种植苹果树等。

② 设想苹果树的尺寸（高度）为无穷大。如果苹果树的尺寸为无穷大，这种情况下是无法使用常规活梯的，可以设法将苹果树的树冠变成方便攀登可以采摘苹果的梯子，也可以发明一种超长的采摘苹果的剪子，这样，不需要搭建活梯也可以解决。

（2）从时间角度出发进行考虑。

① 设想采摘的时间为无穷小。如果要求采摘的时间为无穷短，这就出现了一个同时作用的问题，如何才能保证同时作用？一是使苹果同时具有成熟和落地的功能，二是采用某种方式的集中动作，使苹果同时落地。如通过震动使苹果同时落地，或借助轻微爆破、压缩空气喷射法等。

② 设想采摘的时间为无穷大。如果采摘的时间是无限的，在这种情况下，没有必要采摘苹果，任由苹果自由掉落而无损坏即可。根据这一设想，可以在果树下铺设草坪或松软

的土层，以防止苹果掉落时摔坏，同时可以让果园地面具有一定的倾斜角度，足以使落地的苹果从着地处滚动至某一位置，然后集中。

（3）从成本角度出发进行考虑。

① 设想采摘的成本为无穷小。如果采摘的成本为无穷小，最廉价的采摘方法就是摇晃苹果树。

② 设想采摘的成本为无穷大。如果采摘的成本为无穷大，没有任何限制，我们就可以使用昂贵的设备。根据这一设想，可以发明一种带有电子视觉系统和机械手控制的智能型摘果机。

利用 STC 算子法应注意的问题：

（1）每个想象试验要分步递增、递减，一直进行到物体新的特性的出现。
（2）不可以还没有完成所有想象试验，因担心系统变复杂而提前终止。
（3）使用成效取决于主观想象力、问题特点等情况。
（4）不要在试验的过程中尝试猜测问题最终的答案。

STC 算子法不能给出一个精确的解决方案，但是它可以帮助我们拓宽思路，克服思维惯性，从多维度看问题，为寻找解决问题的方案做准备。另外，STC 算子法是针对某一特定元素进行创新的，因此，它比一般的发散思维和头脑风暴能更快地得到我们想要的结果。

3. 学习小人法

小人法也被称为小矮人模型，指的是当系统内的某些组件不能完成必要的功能和任务，并表现出相互矛盾的作用时，就用多个小矮人分别代表这些组件，通过对执行不同功能的小矮人进行重新组合，对结构进行重新设计，以实现预期的功能和任务。

小人法是一种很好的工具，可用于微观级别上的分析系统。在实际分析过程中，应根据实际情况，对小人进行分组、组合，使小人能够发挥各自的作用，完成必要的功能，从而构成小矮人模型。

应用小人法的步骤如下：

（1）把对象中各个部分想象成一群一群的小人（当前怎样）。
（2）把小人分成按问题的条件而行动的组（分组）。
（3）研究得到的问题模型（有小人的图）并对其进行改造，以便实现解决矛盾（该怎样打乱重组）。
（4）过渡到技术解决方案（变成怎样）。

【例 1-3】**在行驶汽车中喝热饮的安全性问题。**

当在行动的汽车中喝热饮（茶、咖啡）时，饮料有时会洒出并烫伤乘客，请给出解决方案。

分析装有饮料的杯子的矛盾要求：杯子既要让液体自由流出供人饮用，同时在杯子翻倒时，它又要留住液体，不烫伤乘客。

系统的组成部分：热饮、杯子、杯子上方的空气。

现状：汽车行驶时，喝热饮容易使人烫伤。

解题思路：用多个小人表示执行不同功能的组件，然后重新组合这些小人，使小人发挥作用。反过来再将小人固化成具有某种功能的组件，解决实际问题。

第一步：把对象中各个部分想象成一群一群的小人（当前怎样）。

将这一矛盾视为一个系统，这一系统分布着多个小人。

第二步：把小人分成按问题条件而行动的组（分组）。

按照各自功能指向，将这些小人进行分类组合。假设液体饮料是小黄人，杯子壁是小白人，杯子上方的空气是小蓝人。当杯子翻倒时，小黄人可移动，比小蓝人强壮，不受小白人的约束，可同时离开杯子（示意图请扫二维码）。

第三步：研究得到的问题模型（有小人的图）并对其进行改造，以便解决矛盾（应该怎样做，即打乱重组）。

将小人进行分类组合

回答如何使小灰人发挥作用，解决矛盾。可以让小黑人分小组离开杯子，但不能让它们同时离开。由于小黑人重新排列，以便小黑人分小组离开，但不允许同时离开，因此，小白人应该构成狭窄的过道，以便小黑人一个一个地通过。

第四步：过渡到技术解决方案（实际应该怎样）。

可以在杯子上设置数层环形薄膜，薄膜在杯子翻倒时会改变自身的倾角。在薄膜上开出小孔，以便于少量液体流出供人饮用。实际生活中，有些热饮杯在杯边缘处有一个小嘴，这样流出的水较少，不容易倾洒出来。

小人法能够更形象生动地描述系统中出现的问题，打破原有的思维定式，更容易地解决问题，获得理想的解决方案。

4. 学习最终理想解

尽管在产品进化的某个阶段，不同产品进化的方向各异，但如果将所有产品作为一个整体，则低成本、高功能、高可靠性、无污染等是产品的理想状态。产品处于理想状态的解称为最终理想解（Ideal Final Result，IFR）。

使用最终理想解的好处是能抛开各种客观限制条件，克服思维惯性，以明确最终的理想方案所在的方向和位置，来保证在解决问题的过程中始终向着此目标进行，提升创新设计的效率。

为获得任务的最终理想解，需要遵循一定的步骤或基本思路，较为公认的思考方式大致包括以下几个步骤：

（1）设计的最终目标是什么？
（2）最理想的结果是什么？
（3）达到理想结果的障碍是什么？
（4）出现这些障碍可能产生什么后果？
（5）不出现这些障碍的条件是什么？创造这些条件的可用资源是什么？

【例 1-4】 目前地漏在浴室的使用过程中常常被头发等异物堵塞,使浴室产生积水,如何保证流畅的排水性能,请提出改进方案。

解题方案的提出过程如下:
(1) 客户的需要(设计的最终目标)是什么?
客户需要的是干净整洁、没有异物和积水的浴室。
(2) 最理想的结果是什么?
地漏不需要阻挡和人工清理异物,能通过自身系统对异物进行分解。
(3) 达到理想结果的障碍是什么?
异物没有分解。
(4) 出现这些障碍可能产生什么后果?
堵塞管道,产生积水。
(5) 不出现这些障碍的条件是什么?创造这些条件的可用资源是什么?
没有异物。异物粉碎装置。

最终的解决方案:在地漏内部装入异物粉碎装置,通过异物粉碎装置分解异物,避免浴室因地漏堵塞产生积水,确保流畅的排水性能。

衡量系统是否达到最终理想解,可以从以下4个方面进行判定:
(1) 保持了原系统的优点。
(2) 消除了原系统的不足。
(3) 没有使系统变得更复杂。
(4) 没有引入新的缺陷。

运用最终理想解的原则是不要事先猜想理想结果是否能够实现。在阐述最终理想解时,不应有任何心理障碍。

小 结

创新是历史进步的动力,创新思维是创新成果产生的必要前提和条件,创新思维能力是个人推动社会前进的必要手段,特别是在知识经济时代,创新思维的培养训练更显得重要。其途径在于丰富知识结构,培养创新思维能力,学习创新思维方法,克服思维惯性对创新的影响。

习 题

一、选择题

1.( )在1912年出版的《经济发展理论》中首次提出了创新理论。
A. 约瑟夫·熊彼特   B. 奥古斯丁   C. 笛卡尔   D. 吉尔福斯

2．以下不属于创新问题解决思考过程中主要障碍的是（　　）。
A．思维惯性　　　　　　　　　　B．有限的知识领域
C．试错法　　　　　　　　　　　D．无章可循
3．以下不属于 IFR 特性的是（　　）。
A．消除了原系统的不足之处　　　B．保持了原系统的优点
C．没有使系统变得更复杂　　　　D．引入了新的缺陷
4．以下对九屏幕法描述不正确的是（　　）。
A．九屏幕法是拓展思维的方法
B．九屏幕法可以帮助我们寻找解决问题的资源
C．九屏幕法是创新思维方法之一
D．九屏幕法就是建议不要在当前系统中寻找解决问题的方法
5．描述最终理想解的第一个步骤是（　　）。
A．设计的最终目标是什么
B．理想解是什么
C．达到理想解的障碍是什么
D．出现这种障碍的结果是什么

二、分析题

1．用九屏幕法分析汽车系统。
2．用 STC 算子法分析一下鼠标可能的变化。
3．用最终理想解分析和解决实际问题。

三、论述题

1．有人说"创新是少数聪明人的事，我是普通人，创新和我没多大关系"，你怎么看待这种观点？如何培养创新意识？
2．创新型人才具有多方面的素质要求，你认为哪一种素质是最重要的？为什么？
3．你认为在创新型人才培养过程中应该注重哪些方面的问题？如何使自己成为一个创新型人才？

项目 2 认识 TRIZ 创新方法

【学习目标】

通过本项目的完成，读者将掌握如下知识和技能：
- 认识 TRIZ 的内涵；
- 了解 TRIZ 认证体系；
- 能考取国际 TRIZ 认证或创新工程师认证。

任务 1 认识 TRIZ

任务描述

在 TRIZ 理论诞生之前，人们通常认为发明创造是"智者"的专利，是灵感爆发的结果。纵观人类的发明史，一项发明创造或创新往往是"摸着石头过河"，没有明确的思路或方向，需要经历漫长的过程和无数次失败才能获得成功。创新真的那么难吗？事实上，创新是有规律可循的，人类在解决工程技术问题时所采用的方法都是有规律的，并且这些规律可以通过总结和学习加以掌握和应用。

任务分解

本任务可以分为 5 个子任务：
子任务 1：认识传统创新方法存在的弊端；
子任务 2：理解 TRIZ 的内涵；
子任务 3：了解 TRIZ 中发明等级的确定；
子任务 4：了解 TRIZ 的核心思想；
子任务 5：了解 TRIZ 的应用领域。

任务实施

1. 认识传统创新方法存在的弊端

查尔斯·固特异用一生的时间发明硫化橡胶，1860 年，固特异去世，身后留下了 20 万美元的债务。爱迪生是一个试错法的拥护者,他认为天才是"1% 的灵感加 99% 的汗水",爱迪生实验发明电灯用了 1 600 多种金属材料和 6 000 多种非金属材料,碱性电池的发明经历了 50 000 多次失败。这一方面反映了爱迪生的勤奋和努力,另一方面也说明传统创新方法——试错法的效率低下。

2. 理解 TRIZ 的内涵

TRIZ 的意译为发明问题的解决理论,俄文是 теории решения изобретательских задач,按 ISO/R9—1968E 规定,转换成拉丁文 Teoriya Resheniya Izobretatelskikh Zadatch,缩写为 TRIZ。

TRIZ 由根里奇·阿奇舒勒(Genrich Altshuller)于 1946 年在苏联创立,阿奇舒勒是一位发明家、科幻小说家,曾有过多年专利审查员的工作经历。在做专利审查员的工作中,他发现发明和创造是有规律可循的,技术发展是遵循一定的客观规律的,如果一个普通人学习和掌握了这种解决问题的思考方法,也能搞发明,创造新产品。

阿奇舒勒和他的同事们对大量高水平的专利文献和自然科学知识进行研究、整理和归纳,抽取了大量发明中运用的规律,最终建立起一套实用的、以解决发明问题为主要目的的理论和方法体系,这就是 TRIZ 的起源。

利用 TRIZ 理论,设计者能够系统地分析问题,快速找到问题的本质或者冲突,打破思维定式,拓宽思路,准确地发现产品设计中需要解决的问题,以新的视角分析问题。根据技术进化规律预测未来发展趋势,找到具有创新性的解决方案,从而缩短发明的周期,提高发明的成功率,使发明问题具有可预见性。因此,TRIZ 可以加快人们发明创造的进程,而且能得到高质量的创新产品,是实现创新设计和概念设计的有效方法。

3. 了解 TRIZ 中发明等级的确定

阿奇舒勒和他的同事们通过对大量的专利进行分析后发现,各国不同的发明专利内部蕴含的科学知识、技术水平都有很大的区别和差异,依据其对科学的贡献、技术的应用范围及为社会带来的经济效益等情况,TRIZ 理论将发明专利或发明创造分为 5 个等级:

第一级:最小发明问题。通常的设计问题,或对已有系统的简单改进。这一类问题的解决主要凭借设计人员自身掌握的知识和经验,不需要创新,只是知识和经验的应用。如用厚隔热层减少建筑物墙体的热量损失,用承载量更大的重型卡车替代轻型卡车,以实现运输成本的降低。

该类发明创造或发明专利占所有发明创造或发明专利总数的 32%。

第二级:小型发明问题。通过解决一个技术冲突对已有系统进行少量改进。这一类问题的解决主要采用行业内已有的理论、知识和经验即可实现。解决这类问题的传统方法是折中法,如在焊接装置上增加一个灭火器、可调整的方向盘、可折叠野外宿营帐篷等。

该类发明创造或发明专利占所有发明创造或发明专利总数的 45%。

第三级:中型发明问题。对已有系统的根本性改进。这一类问题的解决主要采用本行业以外的已有方法和知识,如在汽车上用自动传动系统代替机械传动系统,在电钻上安装离合器，为计算机配置鼠标等。

该类发明创造或发明专利占所有发明创造或发明专利总数的18%。

第四级：大型发明问题。采用全新的原理完成对已有系统基本功能的创新。这一类问题的解决主要从科学的角度而不是从工程的角度出发，充分挖掘和利用科学知识、科学原理实现新的发明创造，如第一台内燃机的出现、集成电路的发明、充气轮胎的发明、记忆合金制成的锁、虚拟现实的出现等。

该类发明创造或发明专利占所有发明创造或发明专利总数的4%。

第五级：重大发明问题。罕见的科学原理导致一种新系统的发明、发现。这一类问题的解决主要是依据自然规律的新发现或科学的新发现，如计算机、形状记忆合金、蒸汽机、激光、晶体管等的首次发现。

该类发明创造或发明专利占所有发明创造或发明专利总数的1%。

实际上，发明创造的级别越高，获得该发明专利时所需的知识就越多，这些知识所处的领域就越宽，搜索有用知识的时间就越长。发明创造的等级划分及知识领域见表2-1。

表2-1 发明创造的等级划分及知识领域

发明创造级别	创新的程序	问题复杂程度	比 例	知识来源	参考解的数量
1	明确的解	无矛盾问题	32%	个人的知识	10
2	少量的改进	标准问题	45%	公司内的知识	100
3	根本性的改进	非标准问题	18%	行业内的知识	1 000
4	全新的概念	极端问题	4%	行业以外的知识	10 000
5	发现	独一无二的问题	<1%	所有的知识	100 000

由表2-1可以有如下发现：

（1）95%的发明专利利用了行业内的知识。

（2）只有少于5%的发明专利利用了行业外及整个社会的知识。

4. 了解TRIZ的核心思想

现代TRIZ理论的核心思想主要体现在以下3个方面：

（1）无论是一个简单的产品还是复杂的技术系统，其核心技术的发展都是遵循着客观规律发展演变的，即具有客观的进化规律和模式。

（2）各种技术难题、冲突和矛盾的不断解决是推动这种进化过程的动力。

（3）技术系统发展的理想状态是用尽量少的资源实现尽量多的功能。

5. 了解TRIZ的应用领域

苏联对TRIZ的研究主要应用在军事、工业领域，苏联解体后世界范围内的TRIZ研究同样主要应用在工业领域，具体应用内容如下：

（1）解决工程技术问题。

（2）竞争专利规避。

（3）TRIZ与产品研发体系的集成，如DFSS，6Sigma。

(4) 失效预测分析（TRIZ for FEMA）。
(5) 可持续设计（Green TRIZ）。
(6) 技术预测（Technology Forecasting）。

任务 2　了解 TRIZ 认证体系

任务描述

为了推广 TRIZ 理论，阿奇舒勒设立了 TRIZ 理论分级认证机制。TRIZ 学习者具备了一定能力后，可以通过 TRIZ 协会组织的考试获得相应级别的等级证书。为贯彻落实国家加强创新方法工作的精神，完善我国创新方法评估体系，推进创新方法工作，促进我国创新方法从业人员水平的提升，科技部、发改委、教育部和中国科协四部门也联合推出了创新工程师认证。

任务分解

本任务可以分为 6 个子任务：
子任务 1：了解国际 TRIZ 协会认证体系的设置；
子任务 2：明确国际 TRIZ 协会认证体系的要求；
子任务 3：了解我国创新方法认证体系的设置；
子任务 4：了解我国创新方法认证的流程；
子任务 5：了解我国创新方法认证须具备的条件；
子任务 6：了解我国创新方法认证资格审查须提交的材料。

任务实施

1. 了解国际 TRIZ 协会认证体系的设置

如果将 TRIZ 中所有的工具都学完，需要花费大量的时间，所以国际 TRIZ 协会采用分级认证的方法，在认证体系方面由易到难分为五个级别。对于每个级别，分别取几个识别问题的工具，再取几个解决问题的工具，让 TRIZ 初学者不需要将所有的 TRIZ 理论全部学完，就可以运用 TRIZ 来解决一些问题，而随着级别的提高，所掌握的工具也会越多，所具备解决问题的能力也越强。TRIZ 理论学习体系如图 2-1 所示。

2. 明确国际 TRIZ 协会认证体系的要求

国际 TRIZ 协会认证体系的 5 个级别包括两个类别：使用者（一至三级）和专家（四至五级）。

一级认证要求的内容包括：功能分析、因果链分析、剪裁、特性传递、关键问题分析、功能导向搜索以及发明原理的应用。

二级认证要求在一级认证内容的基础上掌握发明问题解决算法 ARIZ 应用和标准解的应用。

三级认证要求学习所有已知的 TRIZ 理论。

四级认证要求有大量的实际项目经验，有专利申请做支持，并通过国际 TRIZ 协会指定的认证委员会的答辩。

五级认证要求对 TRIZ 理论有发展或对 TRIZ 发展有重大贡献，并且通过五级大师答辩委员会的答辩。

一至三级认证主要评估申请者对于 TRIZ 理论知识的掌握和理解程度。四级和五级认证主要评估申请者在 TRIZ 领域的实际应用能力和贡献度。

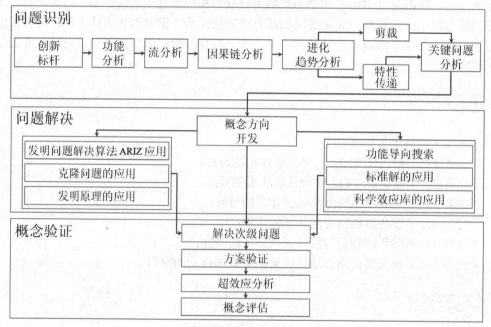

图 2-1　现代 TRIZ 理论学习体系

（资料来源：孙永伟，谢尔盖·伊克万科. TRIZ：打开创新之门的金钥匙[M]. 北京：科学出版社，2015.）

3. 了解我国创新方法认证体系的设置

我国创新方法认证由创新方法研究会负责组织成立创新方法认证委员会，认证委员会负责创新方法考核认证的具体实施工作，通过全国统一考核，合格者颁发相应级别的创新工程师认证证书，创新工程师认证设置一至六级，该证书表明被认证人员已具备相应等级创新方法技术水平。

4. 了解我国创新方法认证的流程

创新方法认证流程如表 2-2 所示。

项目2 认识 TRIZ 创新方法

表2-2 创新方法认证流程

序 号	流 程	内 容
1	报名	申请人按照要求将申请材料提交创新方法研究会
2	资格审查	创新方法研究会对申请材料组织审查，并将审查结果通知申请人
3	考核	通过资格审查的申请人参加认证委员会组织的统一考核
4	认证	认证委员会组织认证，并将认证结果通知申请人
5	颁发证书	对通过认证的申请人颁发创新方法认证证书
6	证书年审	获得创新方法认证者，每年提交相应创新方法工作成果和继续教育证明，认证委员会组织年审

5. 了解我国创新方法认证须具备的条件

报名参加创新工程师认证的人员，须具备的条件如表2-3所示。其中企业技术/重要/关键难题由认证委员会和相关企业认定。

表2-3 创新工程师报名条件

创新工程师认证等级	一级	二级	三级	四级	五级	六级
学历和资历	高中工作3年或大专以上	高中工作5年或大专工作1年或本科以上；已取得创新工程师一级认证	本科工作3年或理工科硕士研究生以上或有特殊贡献；已取得创新工程师二级认证	已取得创新工程师三级认证	已取得创新工程师四级认证	已取得创新工程师五级认证
创新方法应用咨询总时长	≥5小时	≥8小时	≥20小时	≥40小时	≥100小时	≥100小时
拥有专利数量	无	无	1项	2项	4项	8项
解决企业技术/重要/关键难题	2	5	7	10	15	20

6. 了解我国创新方法认证资格审查须提交的材料

符合创新方法认证报名条件的申请者，须提交如下材料进行资格审查：

（1）《创新方法认证申请表》1份。
（2）个人免冠1寸彩色近照3张。
（3）身份证复印件1份。
（4）学历证书复印件（参加工作时学历及最终学历）1份。
（5）成果证明复印件1份。
（6）已取得创新方法认证证书复印件1份。
（7）创新方法领域的著作（含论文、专著、教材等）1份。

（8）解决企业技术/重要/关键难题证明1份。
（9）其他相关证明。

小 结

创新的关键是解决发明问题。该类问题依据创新技术法中的普通方法很难解决，TRIZ是创新方法进化到高级阶段的产物，是专门解决发明问题的理论。TRIZ的发展已有很长的历史，虽然目前仍处于发展与完善过程之中，但其成熟部分仍可以帮助人们解决产品研发过程中遇到的发明问题，加速创新的进程。

习 题

一、选择题

1. 被誉为 TRIZ 之父的根里奇·阿奇舒勒是（　　）科学家。
   A．苏联　　　　　B．英国　　　　　C．美国　　　　　D．日本
2. 按照 TRIZ 理论对创新的分级，"使用隔热层减少热量损失"属于（　　）。
   A．1级：显然的解　　　　　B．2级：少量的改进
   C．3级：根本性的改进　　　D．4级：全新的概念
3. 按照 TRIZ 理论对创新的分级，"飞机"属于（　　）。
   A．2级：少量的改进　　　　B．3级：根本性的改进
   C．4级：全新的概念　　　　D．5级：发明创造
4. 按照 TRIZ 理论对创新的分级，"737发动机罩的不对称设计"属于（　　）。
   A．1级：显然的解　　　　　B．2级：少量的改进
   C．3级：根本性的改进　　　D．4级：全新的概念
5. 下述关于 TRIZ 的基本想法正确的是（　　）。
   A．利用前人的做法　　　　B．一种系统性的方法
   C．试错法　　　　　　　　D．以上皆是

二、思考题

1. 简述什么是 TRIZ。
2. 简述 TRIZ 的核心思想有哪些。

三、论述题

1. 通过调研，举例论述 TRIZ 的主要应用领域。
2. 论述达到国际 TRIZ 认证或创新工程师认证的能力要求有哪些，你有哪些规划？

项目 3 创建功能模型

【学习目标】

通过本项目的完成，读者将掌握如下知识和技能：

- 明确功能分析是现代 TRIZ 的问题识别工具；
- 工程系统、子系统和超系统的概念；
- 现代 TRIZ 中功能的定义；
- 组件功能的准确描述；
- 绘制功能模型（列表和图形表示两种）。

任务 1　理解工程系统和超系统

任务描述

功能分析是现代 TRIZ 中问题识别的工具之一，是后续要学习的许多工具（例如，因果链分析、剪裁、功能导向搜索等，这些概念后面会介绍）的基础，是现代 TRIZ 中应用最广泛的工具之一，为了熟练掌握和应用功能分析这个工具，首先要理解功能分析中用到的功能、工程系统和超系统这几个概念。

任务分解

本任务可以分为 5 个子任务：

子任务 1：理解系统；
子任务 2：理解工程系统；
子任务 3：理解组件；
子任务 4：理解超系统；
子任务 5：理解工程系统的目标。

1. 理解系统

系统的定义有多重不同的表述，系统论的创始人贝塔朗菲说："系统可以定义为相互关联的元素的集合。" 贝塔朗菲后来又将系统概念扩展为："处于一定的相互关系中并与环境发生关系的各组成部分的集合。"我国著名科学家钱学森认为："所谓系统，是指由相互制约的各个部分组成的具有一定功能的整体。"

目前，学术界比较认同的系统定义为：系统是指由若干相互联系、相互作用的部分组成的，在一定环境中具有特定功能的有机整体。组成系统的各部分被称为组件、要素或子系统。例如，自行车、电脑都是系统，如图3-1所示。

图3-1 系统的例子

2. 理解工程系统

工程系统是由相互联系的组件与组件之间的相互作用以及子系统组成，以实现某种功能作用的组件与子系统的集合。工程系统存在的目的是实现某种特定的功能，而功能的实现是通过一系列组件的集合实现的。例如，汽车是一个工程系统，发动机、车体、车厢、座位、轮胎等则构成了汽车这个工程系统的子系统和系统组件。工程系统一般是指研究对象。例如，我们研究的对象是自行车，那么自行车就是一个工程系统。如果研究对象是车轮，那么车轮就是一个工程系统（见图3-2 工程系统的例子）。

3. 理解组件

组件是组成工程系统或者超系统的一个部分，是由物质或者场组成的一个物体，例如，汽车发动机是工程系统汽车的组件。在现代TRIZ功能分析中，物质是拥有净质量的物体，而场是没有净质量的物体，但场可以传递物质之间的相互作用。

4. 理解超系统

超系统是指把工程系统作为组件的系统或不属于工程系统但与系统及其组件有一定相关性的系统。工程系统只是超系统中的一个组件，工程系统以外的组件就是超系统组件，超系统组件构成了超系统。例如，若把汽车看成工程系统，则包含汽车的交通系统就是汽车的超系统，同时由于汽车行驶过程中需要驾驶员的操作，需要道路的支持，也受到空气阻力的影响，则驾驶员、道路、空气都是工程系统汽车的超系统。工程系统和超系统没有严格划分界限，完全取决于我们研究问题的需要，一般选取与研究问题相关的超系统组件构成超系统，如图 3-3 所示。

图 3-2 工程系统的例子

图 3-3 工程系统汽车的超系统

5. 理解工程系统的目标

工程系统的目标指工程系统的作用对象，例如，汽车系统的作用对象是人（或物体），汽车的主要功能是运载人（或物），它改变了目标对象的位置。

任务2 理解现代TRIZ中的功能

任务描述

任何工程系统都具有功能，任何产品都具有满足用户需求的功能，用户购买产品其实是购买产品的功能，因此对一个工程系统的认识首先应从其功能开始。现代TRIZ中的功能的含义不同于日常生活中我们对功能的理解，现代TRIZ中对功能的定义更能揭示工程系统的本质。

任务分析

TRIZ在解决实际问题时，当要构建一个新系统时，系统的功能是首先要考虑的，当对有问题的系统进行改进时，也要分析系统的功能和实现系统功能的组件。为了深入了解工程系统，不但要明确功能的定义，还要理解功能在系统中的作用大小。

任务分解

本任务可以分为3个子任务：
子任务1：明确功能的定义；
子任务2：理解功能的分类；
子任务3：分析功能的价值。

任务实施

1. 明确功能的定义

功能是一个组件改变或保持了另外一个组件的某个参数的行为。它的描述方式如图3-4所示。

图3-4 功能示意图

功能的载体是指执行功能的组件；功能的对象是指接受功能的组件，该组件的某个参数由于功能的作用而得到了改变或保持。参数是组件可以比较、测量的某个属性，比如，温度、位置、重量、长度等。

【例 3-1】现代 TRIZ 中汽车的功能描述。

汽车的功能是"移动人或物",汽车是功能的载体,人或物是功能的对象,汽车移动人或物的功能改变了人或物的位置,如图 3-5 所示。

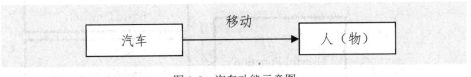

图 3-5 汽车功能示意图

【例 3-2】现代 TRIZ 热水器的功能描述。

热水器的功能是"加热水"。热水器是功能的载体,水是功能的对象,热水器改变了水的温度,如图 3-6 所示。

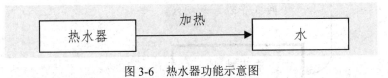

图 3-6 热水器功能示意图

可见,工程系统的功能存在必须符合下列 3 个条件:
(1)功能的载体和功能的对象都是组件,即物质和场。
(2)功能的载体与功能对象之间必须有相互作用,即二者之间必须有接触。
(3)功能对象的参数至少有一个被改变或保持。

2. 理解功能的分类

现代 TRIZ 理论把功能定义为"功能载体改变或保持功能对象的某个参数的行为",功能的结果要么是参数改变(或保持)沿着期望的方向变化,要么不是沿着期望的方向变化,即功能要么是有用的,要么是有害的,根据组件在系统中的作用好坏,我们将功能分为有用功能和有害功能两类。

(1)有用功能。

有用功能是指功能载体对功能对象的作用沿着期望的方向改变功能对象的参数,这种改变是设计者、使用者希望达成的功能。

有用功能根据功能作用对象的不同,可以将有用功能分为基本功能、附加功能和辅助功能 3 个等级,如图 3-7 所示。为了区分功能的重要性,我们用分值的方式表示,分数越高表明功能越重要。如果功能对象是系统目标,则这个功能是基本功能,记为 3 分;若功能对象是超系统组件,则这个功能是附加功能,记为 2 分;若功能对象是系统中的其他组件,则这个功能是辅助功能,记为 1 分。

有用功能根据作用的性能水平不同,可以分为正常的功能、不足的功能和过量的功能 3 种,如图 3-8 所示。如果一个有用功能的作用水平达到了我们的期望,与我们的期望值相符,那么我们称这个功能是正常的功能;如果一个功能所达到的水平低于我们的期望值,那么我们称这个功能是不足的功能；如果一个功能所达到的水平高于我们的期望值，那么我们称这个功能是过量的功能。

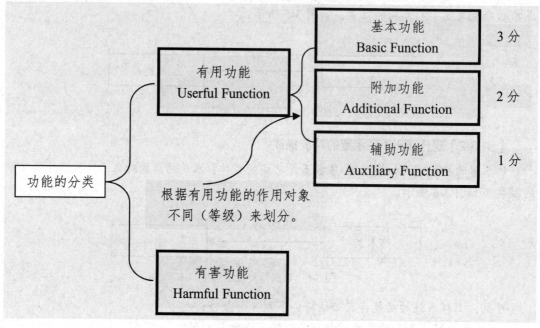

图 3-7　有用功能的等级及得分

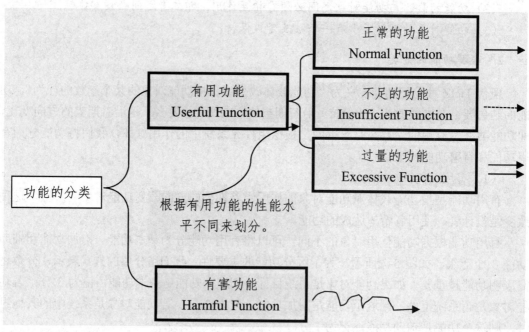

图 3-8　有用功能的性能水平及图形表示

（2）有害功能。

有害功能是指功能载体提供的功能不是按期望的方向对功能对象的参数进行改善，而是恶化了该参数。有害功能不区分等级和性能水平。

3. 分析功能的价值

为了更好地评估组件的功能大小，以便对组件采取不同的改进策略，我们引入价值的概念，即价值（V）=功能（F）/成本（C），功能是某个组件执行的所有有用功能的得分之和，成本是一个组件的成本，包括材料成本及人工成本等，一般是可以估算出来的。

这样，一个功能系统各组件的价值可以计算出来，假如一个工程系统由 7 个组件构成，则价值计算结果如表 3-1 所示。

表 3-1　工程系统价值计算结果

组件	功能得分	成本	价值
组件 1	1	100	1/100
组件 2	2	90	2/90
组件 3	2	50	2/50
组件 4	3	60	3/60
组件 5	3	30	3/30
组件 6	3	80	3/80
组件 7	1	70	1/70

依据表 3-1 的结果，以组件的成本为横坐标，以组件的功能得分为纵坐标，可以绘制出每个组件的位置，组件所对应的斜率即为组件的价值，如图 3-9 所示。

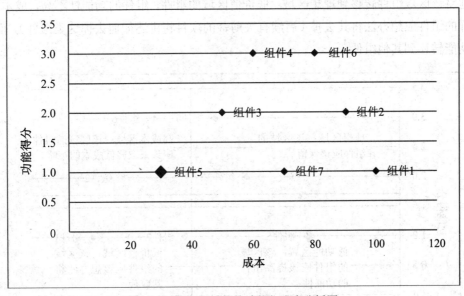

图 3-9　某工程系统的功能与成本分析图

功能与成本分析图可以帮助判断组件的功能强弱，我们在图 3-10 中画一条直线使图中组件尽可能地分布在直线两边，靠近直线的组件说明设计是合理的，远离直线的组件，从系统价值的角度看，说明这种设计是不合理的。

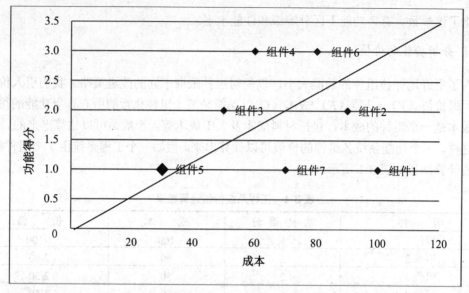

图 3-10 加入斜线的某工程系统的功能与成本分析图

当我们把功能成本分析图分成 4 个区域（见图 3-11）时，理想区域的组件成本低，功能性好，组件的价值高，该区域组件应该保留；高成本区域的组件功能性好，但成本比较高，应采取降低成本的策略来提高组件的价值，尽可能地将该区域组件转移到理想区域；低功能区域组件成本低，功能性也低，应该通过提高组件的功能性来提升组件的价值，尽可能地将该区域组件转移到理想区域；低价值区域的组件，组件的功能性不高，成本却高，对这样的组件应想办法将其去掉（后续有关剪裁的项目将讲述如何去掉这类组件），而将其有用功能转移到其他组件。

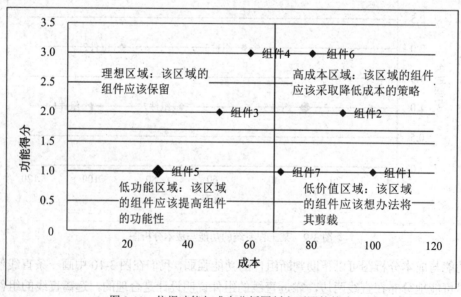

图 3-11 依据功能与成本分析图制定不同的策略

任务3 分析及建立功能模型

任务描述

通过对已有工程系统进行分解，明确各系统组件的有用功能及功能等级性能水平（正常功能、过度功能、不足功能）和有害功能，帮助工程技术人员更详细地理解工程系统中组件之间的相互作用，建立组件功能模型。

任务分析

分析及建立功能模型，主要包含如下内容：确定工程系统提供的主要功能；研究各组件对系统功能的贡献；分析系统中的有用功能及有害功能；对于有用功能确定功能等级与性能水平（正常、不足、过量）；建立功能模型，绘制功能模型图。

任务分解

本任务可以分为3个子任务：
子任务1：组件分析；
子任务2：组件相互作用分析；
子任务3：建立功能模型。

任务实施

1. 组件分析

组件分析是识别工程系统的组件及其超系统组件，得到系统和超系统组件列表，格式如表3-2所示。

表3-2 组件列表

工程系统	系统组件	超系统组件
工程系统的名称	组件1	组件1
	组件2	组件2
	……	……
	组件n	组件m

【例3-3】给出工程系统椅子的组件列表（见表3-3）。

表3-3 工程系统椅子的组件列表

工程系统	系统组件	超系统组件
椅子	靠背 坐垫 椅子腿	人 地面

由例3-3可以看出，组件分析的关键是如何确定工程系统内部的层级，例如，一个矿泉水瓶，若是分析如何打开矿泉水瓶，那么工程系统矿泉水瓶的组件是瓶身和瓶盖比较合适，若是分析矿泉水瓶灌装分装系统，矿泉水瓶的瓶身可能需要进一步划分为瓶嘴、瓶身、瓶底。因为在分装系统中瓶身和瓶嘴的功能是不同的。因此组件分析的层级划分需要注意如下事项：

（1）依据项目目标和限制条件选择层级。

层级的划分要考虑与目标有关的系统组件和超系统组件，与目标关联不大的组件可以不予考虑或用一个大的结构组件来表达。

（2）较低层级会增加分析的工作量，而较高层级会导致信息不充分。

层级的划分越细，组件数量越多，对于查找深层次的原因有好处，但相应的功能分析的工作量就变得非常大；相反，层级划分较粗，则可能导致信息不完全，某些问题的原因被掩盖起来。

（3）选择同一层级的组件。

如果明确问题所处的层级，则可以选择同一层级的组件进行分析，在分析该层组件对其他组件的影响时，其他层级组件可视为一个组件。

（4）将相似的组件看成一个组件。

如果某些组件完成的功能相似，则可以考虑看成一个组件，例如工程系统椅子的4条腿，分析时将椅子腿只看作一个组件，而将椅子腿的数量作为椅子腿这个组件的参数来看待。

超系统组件的选择也是根据项目目标和限制条件的不同而不同，工程系统不同生命周期的阶段有不同的超系统，常见的超系统有：

① 生产阶段：设备、原料、生产场地、生产环境和作业人员等。
② 使用阶段：消费者、能量源和其他关联系统。
③ 储存和运输阶段：交通工具、搬用工具、储存场所、储存环境和作业方法等。
④ 与工程系统作用的外部环境：空气、水、灰尘、热场和重力场。

综上所述，组件分析的一般流程如图3-12所示。

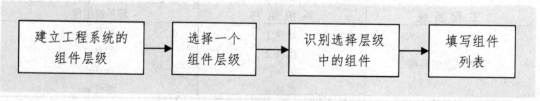

图3-12 组件分析流程

2. 组件相互作用分析

组件相互作用分析用于识别工程系统以及超系统的组件间的相互作用，相互作用分析的结果就是构造组件列表中系统组件和超系统组件的相互作用矩阵，如表 3-4 所示。相互作用矩阵的第一行和第一列均为组件列表中的系统组件和超系统组件。若组件 i 和组件 j 之间有相互作用关系，则在相互作用矩阵表中两组件交汇单元格中填写"+"，否则填写"-"，表 3-3 对角线上单元（即灰色单元）不需要填写，判断组件 i 和组件 j 存在相互作用的依据是组件 i 和组件 j 必须存在相互接触。

表 3-4 相互作用矩阵

组 件	组件 1	组件 2	…	组件 i
组件 1		−	+	+
组件 2			+	−
…				
组件 j				

【例 3-4】 给出工程系统椅子的相互作用矩阵（见表 3-5）。

表 3-5 椅子的相互作用矩阵

组 件	靠 背	坐 垫	椅 子 腿	人	地 面
靠背		+	−	+	−
坐垫	+		+	+	−
椅子腿	−	+		−	+
人	+	+	−		+
地面	−	−	+	+	

3. 建立功能模型

功能模型就是在前面组件分析与相互作用分析基础上，将一个工程系统的功能综合起来进行分析，功能模型有列表和图形化两种表示形式。

【例 3-5】 给出工程系统椅子的功能模型。

根据椅子的相互作用矩阵，椅子的功能模型如表 3-6（列表表示）和图 3-13（图形化表示）所示。

表 3-6 工程系统椅子的功能模型列表

功 能 载 体	功 能 名 称	功 能 等 级	性 能 水 平	评价（成本）
坐垫	支撑人	基本功能	正常	4
	支撑靠背	辅助功能	正常	
靠背	支撑人	基本功能	正常	3

续表

功能载体	功能名称	功能等级	性能水平	评价（成本）
椅子腿	支撑坐垫	辅助功能	正常	1
	划伤地面	有害		
地面	支撑椅子腿	辅助功能	正常	4
	支撑人	基本功能	正常	

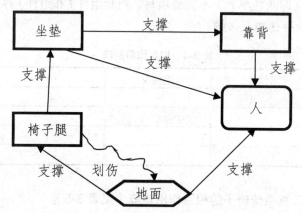

图3-13 工程系统椅子的功能模型图形化表示

功能模型列表和图形化两种表示方法包含的信息是一样的，但图形化表示更能直观地反映整个工程系统的功能分析，人们常常习惯于根据功能列表绘制出工程系统的图像化表示。为表示方便，一般用矩形表示组件，圆角矩形表示目标，六角形表示超系统组件，实线箭头表示正常的功能，虚线箭头表示不足的功能，双实现箭头表示过量的功能，曲线箭头表示有害的功能。

小　结

通过对创建功能模型项目的完成，我们掌握了现代TRIZ中一个重要的分析问题工具——功能分析。功能分析主要分为组件分析、组件相互作用分析、功能建模三大步骤。组件分析的输出是建立组件列表，组件相互作用分析的输出是组件分析矩阵，功能建模的输出是功能模型。功能模型有列表和图形化两种表示形式，图形化表示比较直观，但工作量也大，一般根据使用的喜好来选取。

工程系统的功能分析不是一个人的工作，一般需要一个项目团队来完成。功能分析可以帮助我们对工程系统有一个细致而全面的认识，从而发现工程系统中的问题，以便为后续进一步解决工程系统中的问题打下良好的基础。功能分析是现代TRIZ中重要的问题识别工具之一。

习 题

一、选择题

1. 功能分析属于现代 TRIZ 中的（　　）工具。
   A. 问题识别　　　　　　　　　　B. 问题解决
   C. 概念验证　　　　　　　　　　D. 不确定
2. 根据现代 TRIZ 对功能的定义，如下对盾牌的功能描述正确的是（　　）。
   A. 保护士兵　　　　　　　　　　B. 提供安全
   C. 不让子弹通过　　　　　　　　D. 挡住子弹或石块
3. 根据现代 TRIZ 对功能的定义，如下对抹布的功能描述正确的是（　　）。
   A. 擦玻璃　　　　　　　　　　　B. 去除灰尘
   C. 让玻璃变干净　　　　　　　　D. 提高玻璃的透光率
4. 根据现代 TRIZ 对功能的定义，如下对空气净化器的功能描述正确的是（　　）。
   A. 净化空气　　　　　　　　　　B. 提供清新的环境
   C. 使身体健康　　　　　　　　　D. 去除灰尘
5. 根据现代 TRIZ 对功能的定义，如下对油漆的功能描述正确的是（　　）。
   A. 反射光线　　　　　　　　　　B. 改变墙的颜色
   C. 保护墙壁　　　　　　　　　　D. 赏心悦目
6. 根据现代 TRIZ 对功能的定义，如下对洗衣机的功能描述正确的是（　　）。
   A. 洗衣服　　　　　　　　　　　B. 让衣服变干净
   C. 不让灰尘粘在衣服上　　　　　D. 去除灰尘

二、分析题

1. 对工程系统矿泉水瓶做功能分析并画出功能模型。
2. 对工程系统眼镜做功能分析并画出功能模型。

项目 4 实施因果链分析

【学习目标】

通过本项目的完成,读者将掌握如下知识和技能:
- 明确因果链分析是现代 TRIZ 的问题识别工具;
- 理解因果链的概念;
- 应用因果链分析从初始问题中发现关键问题。

任务 1 理解因果链分析

任务描述

因果链分析同功能分析一样,是现代 TRIZ 中问题识别的工具之一,是后续要学习的许多工具(剪裁、功能导向搜索等,这些概念后面会介绍)的基础,是现代 TRIZ 中应用最广泛的工具之一。因果链分析与功能分析都是为了发现工程系统中存在的功能缺点,但功能分析往往得到的是工程系统的已知缺点或明显缺点(也称初始缺点),这些缺点往往不易解决,或不是引起工程系统问题的根本原因,因果链分析就是在初始缺点的基础上挖掘出关键缺点,从而找到工程系统的关键问题。

任务分析

因果链分析,顾名思义就是对工程问题缺点的原因逐个进行分析,得到一系列的原因,这些原因连接起来就像一根根链条,得到这些链条的过程叫作因果链分析。功能分析的输出一般作为因果链分析的输入,而因果链分析的输出就是关键缺点,通常关键缺点可以不止一个。

任务分解

本任务可以分为 3 个子任务:
子任务 1:了解一个钉子与国家的故事;
子任务 2:绘制故事中欧洲国家灭亡因果链;
子任务 3:明确因果链的定义。

任务实施

1. 了解一个钉子与国家的故事

告诉大家一个耳熟能详的故事。传说一个欧洲国家灭亡了,为什么灭亡了呢?因为在一场战役中失败了。为什么战役失败了呢?因为将军没有打好这场仗。为什么将军没有打好仗呢?因为将军的战马倒下了。为什么将军的战马倒下了呢?因为战马掉了一个马掌。为什么战马掉了一个马掌呢?因为钉马掌时少钉了一颗钉子。这是历史上的一个真实的故事,若不是这样不断追问,很难想象一个国家的灭亡居然与马掌上的一颗钉子有关,如图4-1所示。

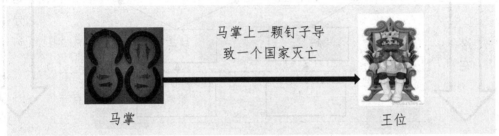

图4-1 一颗钉子导致国家的灭亡

2. 绘制故事中欧洲国家灭亡因果链

一个欧洲国家的灭亡可看作工程系统的一个初始缺点,通过多次问"为什么这样的缺点存在",就可以得到一系列的原因,为了使上面的故事更加清晰,我们用方框表示缺点,用箭头连接方框,箭头的起点是原因,箭头的终点指向结果,这样我们就得到图4-2所示的结果。若把欧洲这个国家看作一个工程系统,"一个欧洲国家灭亡了"就是工程系统的初始缺点,"钉马掌时少钉了一颗钉子"就是关键缺点。

3. 明确因果链的定义

因果链是由一个个有逻辑因果关系的缺点连接而成的链条,其中每一个缺点都是其下层缺点造成的结果,同时又是造成上层缺点的原因。因果链可以用图4-3所示的方式构建,图中方框表示的是缺点,用箭头连接方框,箭头的起点是原因,箭头的终点指向结果。采用图形化表示后,因果链起始于初始缺点,终结于被发现的末端缺点,在初始缺点与末端缺点之间是中间缺点。

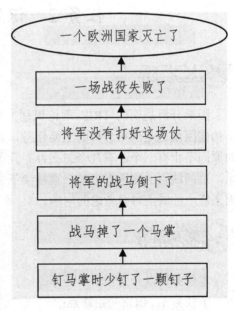

图4-2 欧洲国家灭亡因果链

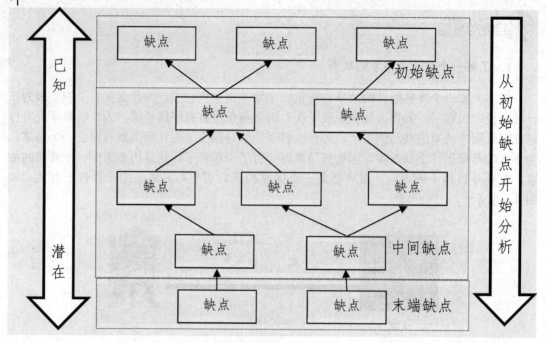

图 4-3 构建因果链

任务 2 识别因果链中的缺点

任务描述

因果分析是现代 TRIZ 理论识别工程系统中深层次问题的一个有力工具,根据初始缺点构建因果链是因果分析的主要任务,因果链的建立在实际应用中会遇到如下问题:缺点的原因不止有一个,有几个怎么办?几个原因可能是"并"的关系,也可能是"或"的关系,追问缺点的原因有可能一直持续下去,在什么条件下才能结束?等等。这些都是识别因果链中的缺点时要考虑的问题。

任务分解

本任务可以分为 4 个子任务:
子任务 1:识别初始缺点;
子任务 2:识别中间缺点;
子任务 3:识别末端缺点;
子任务 4:识别关键缺点及关键问题。

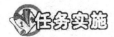

1. 识别初始缺点

初始缺点是由项目的目标决定的，一般来说，项目目标的反面就是初始缺点，如图 4-4 所示。如果我们项目的目标是降低成本，那么初始缺点就是成本过高；如果我们的目标是提高效率，那么初始缺点就是效率过低。初始缺点是比较容易识别的，初始缺点可以不止一个，随项目目标的复杂程度而定，但也不能太多，太多会导致工作量大，而且没有重点。

图 4-4 初始缺点确定示意图

2. 识别中间缺点

中间缺点是指处于初始缺点和末端缺点之间的缺点，它是上一层缺点的原因，又是下一层缺点造成的结果。在写出中间缺点的时候要注意以下几个问题：

（1）需要明确上下层级的逻辑关系。

在寻求下一层缺点时，需要找直接缺点，避免跳跃，跳跃会导致遗漏某些缺点，从而失去大量解决问题的机会。比如，若初始缺点是"端一个热水杯子的时候感觉太烫了"，许多初学者就认为"杯子中水温太高"是造成初始缺点的原因，这就错了，因为它不是造成初始缺点的直接原因，直接原因是"人手表面温度过高，刺激了神经"，而"杯子中水温太高"属于更底层的原因。

（2）同层级多个缺点，可用运算符 AND 或 OR 将多个缺点连接起来。

有时候，造成一个缺点的同层级原因可能不止一个，当同层级缺点超过一个时，可用运算符将其连接起来。

AND 运算符表示上一层级的某个缺点是由下一层级的几个缺点共同作用造成的结果，只有这几个缺点同时存在，上一级缺点才会存在。也就是说，只要解决了本层任何一个缺点就可以将上一层级的缺点解决。比如，着火的条件需要可燃物、助燃物、温度达到燃点 3 个条件，只有这 3 个条件同时存在才会导致着火，如图 4-5 所示。

OR 运算符表示上一层级的某个缺点是由下一层级的几个缺点中的任何一个缺点单独作用造成的结果，只要这几个缺点中的任何一个存在，上一层级缺点就会存在。也就是说，只要解决了本层所有缺点，上一层级的缺点才可以被解决。比如，一个人喝到的水被污染，造成的原因可能是水源的问题，也可能是管道的问题，还有可能是容器的问题，必须将所有的下一层级缺点解决了，上一层级的缺点才可以被解决，如图 4-6 所示。

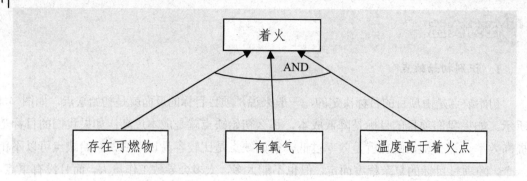

图 4-5　AND 运算符示例

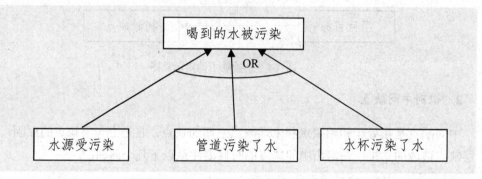

图 4-6　OR 运算符示例

（3）寻找中间缺点的途径。

在功能分析、成本分析和流分析（流分析在将来的 TRIZ 高级中会讲到）中发现的缺点列表中寻找。

利用科学公式，比如，本层缺点是摩擦力，根据公式"摩擦力=压力×摩擦系数"，下一层的缺点就应该从压力和摩擦系数这两个方面去寻找。

查阅文献或咨询领域专家，记住，在实际项目中，因果链分析和功能分析不是一个人的事，是一个团队的事。

3. 识别末端缺点

理论上，因果链分析可以是无穷无尽的，但具体项目中无止境的挖掘下去没有任何意义，因此总要有终止的时候，链条中最后一个缺点就是末端缺点。当我们到达以下条件之一即可以结束因果链分析：

（1）达到物理、化学、生物或几何等领域的极限时。
（2）到达自然现象时。
（3）到达法规、国家或行业标准等的限制时。
（4）不能继续找到下一层原因时。
（5）达到成本极限或人的本性时。
（6）继续下去与本项目无关时。

4. 识别关键缺点及关键问题

经过因果链分析,我们得到了工程系统的许多缺点,初始缺点、中间缺点和末端缺点,但并不是每个缺点都是可以解决的,我们要挑选那些容易解决的,而且这些缺点的解决可以使初始缺点全部得到解决,从而使工程系统的缺点得以解决,这些挑选出来需要进一步解决的缺点就是关键缺点,这些关键缺点对应的问题就是关键问题。

关键缺点的选择原则:若一条因果链中得到的所有缺点都是 AND 关系,则关键缺点的层级选择越底层越好,因为越底层,解决问题越彻底;若一条因果链中的所有缺点都是 OR 关系,则尽量从上层来解决,因为从底层入手,即便解决了底层的缺点,也不一定能解决初始缺点。如图 4-7 所示,若选择缺点 5,11,12 为关键缺点,若先解决缺点 11 或 12,则只有同时解决了缺点 5 才能解决缺点 1 和 6;若先解决缺点 5,则初始缺点 1 和 6 就同时解决了。

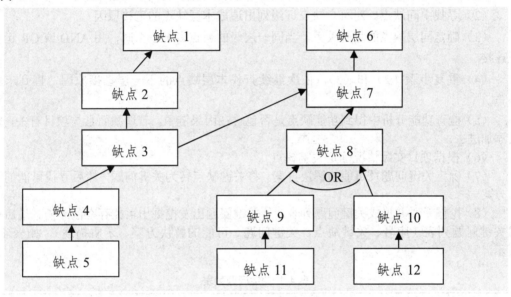

图 4-7 关键缺点的确定

任务3 掌握因果链分析方法

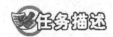

因果链分析是现代 TRIZ 中问题识别的重要工具,因果链分析的最终目的就是发现工程系统中隐性的缺点,挖掘出更多的工程系统缺点,从而找出关键缺点和关键问题。有些关键问题存在显而易见的解决方案,则问题得以解决;有些关键问题不容易解决,存在矛盾,这些矛盾可以用其他 TRIZ 工具进行进一步的分析,比如物理矛盾和技术矛盾。

任务分解

本任务可以分为两个子任务：
子任务1：理解因果链分析的步骤；
子任务2：静电危害因果链分析。

任务实施

1. 理解因果链分析的步骤

（1）确定初始缺点。根据项目目标反面或项目实际情况列出初始缺点。
（2）寻找中间缺点。对每个缺点逐级列出造成本层缺点的直接原因。
（3）确定同层缺点的相互关系。当同一层级的缺点多于1个时，用AND或OR运算符连接。
（4）重复步骤（2）和（3），依次继续查找本层缺点的下一层直接原因，直到末端缺点。
（5）检查功能分析中得到功能缺点是否包含在因果链中，若遗漏而且与项目有关，需要添加进去。
（6）根据项目实际情况确定关键缺点。
（7）确定关键问题及可能的解决方案。将关键缺点转为关键问题，然后寻找可能的解决方案。
（8）挖掘矛盾并形成关键问题列表。从关键问题出发挖掘出可能存在的矛盾，最后形成关键问题列表（序号、关键缺点、关键问题、可能的解决方案、矛盾描述），如表4-1所示。

表4-1 关键问题列表

序 号	关 键 缺 点	关 键 问 题	可能的解决方案	矛 盾 描 述
1				
2				
…				
n				

2. 静电危害因果链分析

问题描述：冬天到了，人们身上的静电也多了，特别是在气候干燥的北方，当我们开水龙头、车门，甚至握手时都会被静电打到，让人感觉刺疼，很不舒服。若直接从初始问题着手，这个问题比较难解决，下面我们使用因果链分析的方法，通过挖掘深层次的原因，来找到解决问题的方法。

解决问题的步骤如下：
（1）确定初始缺点。项目的目标是消除静电对我们身体造成的伤害，让人不会感觉到疼，因此项目目标的反面即初始缺点，即静电打到人时感觉到疼。绘制图 4-8 中的最上层部分。

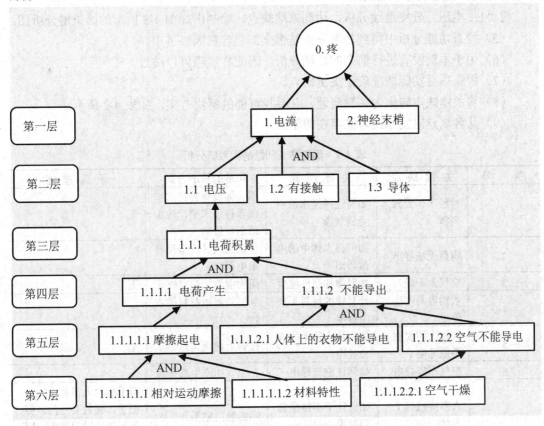

图 4-8 静电伤人问题的因果链分析

（2）寻找中间缺点。引起疼的直接原因是什么呢？通过咨询医护人员（领域专家），疼是由于电流刺激了我们的神经末梢引起的，开金属门时感觉疼，是因为被电到了指尖，而指尖是人体神经末梢最密集的地方之一。因此疼的直接原因是电流和神经末梢，见图 4-8 中的第一层。

（3）确定相互关系。电流和神经末梢两个条件相互依赖，缺一不可，因此属于 AND 关系。

（4）重复步骤（2）和（3）。我们先看图 4-8 中的"2.神经末梢"，神经末梢能感应到外界的刺激属于物理现象，原则上可以继续分下去，但深入分析下去就属于生物学或医学所关注的范畴，与我们项目关系不大，因此神经末梢就是末端缺点，这个分支不需要继续进行下去了。

对于"1.电流"分支，有必要分析电流是如何形成的，物理学知识告诉我们电流的产生是由于两个物体之间存在电势差（即电压），并且两个物体之间有相互接触形成回路才会产生电荷的流动（即电流），因此这一层应有"1.1 电压"（手与被接触的金属之间有电压）、"1.2 有接触"（手要与金属之间有接触）、"1.3 导体"（手与金属都是导体），这 3 个分支之间相互依赖，缺一不可，因此是 AND 关系。"1.2 有接触"和"1.3 导体"继续分解下去与本项目无关，因此也是末端缺点。

对"1.1 电压"分支继续分析，达到末端缺点，绘制出如图 4-8 所示的因果链分析图。

（5）检查功能分析中得到功能缺点是否全部包含在因果链中。

（6）由于本例没有进行前期的功能分析，因此本步骤可以跳过。

（7）根据项目实际情况确定关键缺点。

（8）将关键缺点转化为关键问题，并寻找可能的解决方案，如表 4-2 所示。

（9）从各缺点出发挖掘可能存在的矛盾。

表 4-2 静电伤人问题的因果链分析

序 号	关 键 缺 点	关 键 问 题	可能的解决方案	矛 盾 描 述
1	神经末梢受到刺激	如何让神经末梢不受到刺激	用人体没有神经末梢或者神经末梢比较少的部位接触	无
2	电荷无法导出	如何将人体中的电荷导出	用钥匙或其他金属导出电荷	无
3	空气太干燥	如何增加空气湿度	用加湿器加湿空气	无
4	衣物容易产生静电	什么样的材料不产生静电	利用防静电材料做衣物	无
5	人体上的衣物不能导电	如何让人体上的衣物导电	在鞋上装金属丝	无
6	空气不能导电	如何让空气导电	在空气中产生离子风	无
7	人手接触到了导体	如何让手不接触到门把手	不接触门把手	有矛盾：人需要接触门把手，因为要开门，但又不能接触门把手，因为会产生电流

小　　结

因果链分析是现代 TRIZ 理论中分析问题的重要工具，它可以帮助我们进行更深入的分析，找到潜伏在工程系统中的深层原因，建立起初始缺点与各个底层缺点的逻辑关系，从而找到更多解决问题的突破口。

习　　题

一、选择题

1. 因果链分析属于现代 TRIZ 中的（　　）工具。
   A．问题识别　　　B．问题解决　　　C．概念验证　　　D．不确定

2. 因果链分析是为了发现深层次的缺点，解决问题先从深层次的缺点开始解决，这句话（　　）。

　　A．正确　　　　B．不正确

3. "TRIZ 中功能分析和因果链分析都能得到工程系统的缺点，这两种工具差不多，选用其中一种就可以了"，这句话（　　）。

　　A．正确　　　　B．不正确

4. 下列不是因果链分析中寻找中间缺点方法的是（　　）。

　　A．查阅文献　　B．应用头脑风暴法　　C．应用科学公式　　D．咨询领域专家

二、分析题

结合自己的学习生活现状，选择一门没有及格的课程或一项没有做好的工作，画出因果链分析图，找出关键缺点和关键问题，并提出解决问题的初步方案。

项目 5　实施剪裁

【学习目标】

通过本项目的完成，读者将掌握如下知识和技能：
- 理解剪裁的内涵及其现实作用；
- 学会选择剪裁组件，进行功能再分配；
- 掌握剪裁的一般规则；
- 创建剪裁模型。

任务 1　理解剪裁

任务描述

通过对"项目 3　创建功能模型"的学习，我们得知：通过对工程系统组件进行功能分析，可以删减某些功能不太高的组件，同时用其他组件来代替被删减的组件，从而保持系统的原有功能。在"项目 4　实施因果链分析"的学习中我们也提到，对于有缺陷的组件，除了解决其缺陷问题外，也可以尝试运用剪裁的方法将这些组件去掉，而用其他组件来执行其有用功能。这种方法就是本章节所要学习的重要 TRIZ 工具——剪裁。

任务分解

本任务可以分为两个子任务：
子任务 1：理解剪裁的内涵；
子任务 2：理解剪裁的现实作用。

任务实施

1. 理解剪裁的内涵

剪裁是现代 TRIZ 理论中分析问题的重要工具，是指将工程系统或超系统中一个或多个组件去掉，而用剩余组件来执行其有用功能的创新方法，即通过对系统或超系统中的其他组件进行"改造"，使其能够执行被剪裁组件的有用功能，从而使整个系统的功能不变。

剪裁问题属于一类发明问题，实施剪裁能够使工程系统的成本更低、更简洁，提高整个系统的可靠性和价值。在企业实行专利战略的过程中，剪裁方法也是进行专利规避的重要方法，有用功能得以保留甚至强化，成本得以降低而产生新的设计方案。

我们可以通过以下案例来让大家更直观地理解剪裁的内涵。比如，把一个带把的杯子（见图5-1）作为系统进行功能分析，可以绘制出它的功能模型（见图5-2）。

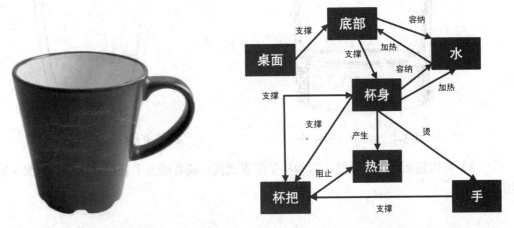

图 5-1 杯子　　　　　　　　图 5-2 带把杯子的功能模型

如果往杯子里加入热水，杯把执行了阻止热量传导到人手上的有用功能，但是给加工制造、包装、运输和储存带来了麻烦，所以我们需要将杯把去掉（见图5-3），同时对系统或超系统组件进行"改造"，以阻止热量传导到人手上。

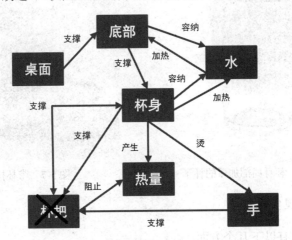

图 5-3 去掉杯把的杯子的功能模型

可能的解决方案包括以下几点：

（1）对杯底进行改造，加厚杯底或用双层杯底进行隔热，如图5-4所示。
（2）对杯身进行改造，双层杯身或者杯身局部加厚隔热，如图5-5和图5-6所示。

 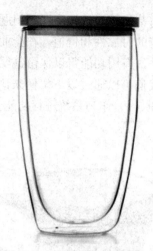

图 5-4 加厚杯底的杯子　　　　　　图 5-5 双层杯身的杯子

（3）利用超系统组件隔热，如为杯子配置底托，或者戴上手套再端杯子，如图 5-7 和图 5-8 所示。

图 5-6 杯身局部加厚的杯子　　　　图 5-7 带杯托的杯子

2. 理解剪裁的现实作用

剪裁的现实作用有以下几个方面：

（1）实施剪裁可以精简系统组件数量，降低系统运行成本。
（2）实施剪裁可以优化系统的功能结构与架构。
（3）实施剪裁可以提升功能价值，提高系统实现功能的效率。
（4）实施剪裁可以消除过度、有害或重复的功能，提高系统理想化程度。
（5）实施剪裁是企业进行专利规避的重要手段。

图 5-8　戴手套后再端杯子

任务 2　选择剪裁组件

任务描述

实施剪裁的一个重要步骤，就是按照功能分析的结果，对各组件进行价值评价，以决定工程系统中的哪些组件可以被剪裁。

任务分解

本任务可以分为两个子任务：
子任务 1：如何选择剪裁组件；
子任务 2：通过"摩托车系统改进"理解如何选择剪裁组件。

任务实施

1. 如何选择剪裁组件

在实际工作中，我们通常可以运用以下建议来选择将要被剪裁的组件：

（1）选择具有较低价值的组件作为剪裁对象，以便降低成本和改进剩余组件。这样做的好处是使一些不太重要的功能可以在剩余组件中较为容易地进行分配，无须对工程系统进行重大改造。

（2）选择具有有害功能的组件作为剪裁对象。通过因果链分析，找出最根本的有害原因，然后只需要剪裁产生根本有害原因的组件，由此产生的一系列问题就可以一次性解决。例如，"浸漆工艺系统"中的"浮球支撑油漆"是产生系统问题的根本原因，如果消除该有害作用，则油漆导致的一系列的功能不足、功能过度等问题就可以全部得到解决。

（3）剪裁可以是激进剪裁（工程系统的主要组件被剪裁）或者渐进式剪裁（对工程系统做较小改变），剪裁的程度取决于项目的商业和技术限制，具体根据实际情况而定。

（4）如果无法对被剪裁组件的功能进行再分配，则不能剪裁掉该组件。

（5）不能选择超系统组件作为剪裁对象。

2. 通过"摩托车系统改进"理解如何选择剪裁组件

我们以摩托车系统的改进为例来说明如何选择剪裁组件。假定摩托车系统没有大的技术问题，只是期望实施剪裁来降低成本。如果剪裁发动机组件，成本可以降低很多，但是发动机是摩托车的"心脏"，剪裁掉系统就缺少了动力，变成了"单车"，其他组件不能保持系统原有功能，显然裁剪发动机不合适。如果剪裁油箱，则原来油箱储存汽油的功能转移到哪一个系统中去？车架、座位等可以进行结构改变，既保留其原有功能，又增加封闭空间可以储存汽油，获得车架油箱一体式摩托车的创意设计。还可以考虑剪裁一个摩托车车轮，获得单轮摩托车的创意设计，具体如图 5-9 所示。

（a）实施剪裁前的摩托车

（b）车架油箱一体式摩托车　　　　　　　　（c）单轮摩托车

图 5-9　实施剪裁后的新摩托车创意设计

任务 3　建立剪裁规则

任务描述

从前面剪裁杯把的案例中我们了解到什么是剪裁，还介绍了怎样选择剪裁组件。但是，这些组件不一定能被剪裁掉，那么什么样的候选组件可以被剪裁掉呢？实施剪裁应遵循什么规则，是这一章节所要学习的内容。

任务分解

本任务可以分为两个子任务：
子任务 1：理解剪裁规则的含义；
子任务 2：了解剪裁规则的种类。

任务实施

1. 理解剪裁规则的含义

剪裁规则是指对工程系统的组件进行剪裁时必须遵循的基本法则。目前 TRIZ 研究者提出了许多剪裁规则，综合各家之言，我们总结出 3 条通用的、基本的剪裁规则，如果满足其中一条，该组件就可以被剪裁掉。

2. 了解剪裁规则的种类

（1）剪裁规则 A：如果功能对象不需要功能载体提供的有用功能，则功能载体可以被剪裁掉（见图 5-10）。如磁带式随身听演变为 MP3 就是典型的例子（见图 5-11）。

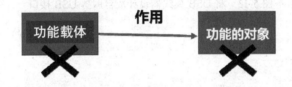

图 5-10　剪裁规则 A

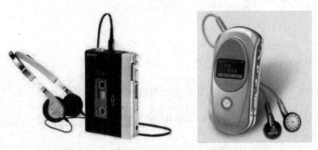

图 5-11　磁带式随身听演变为 MP3

（2）剪裁规则 B：功能对象能自我完成功能载体的有用功能，那么功能载体可以被剪裁掉（见图 5-12）。如笔记本电脑提供的 USB 接口数量有限，但需要同时连接多个 USB 设备时，一般是外接一个 USB 集线器，需要额外的成本，携带也不方便。如果能够设计一个自服务 USB 接口，即一个 USB 插头本身又能提供一个 USB 插口的话，USB 集线器就可以被剪裁掉，如图 5-13 所示。

（3）剪裁规则 C：工程系统或超系统中的其他组件可以执行功能载体的有用功能，那么功能载体则可以被剪裁掉（见图 5-14）。例如，在水杯的例子中，杯把的一个功能是阻止热量的传播，我们找到了杯身或杯底，对它们加以改造，使它们执行了与杯把相同的功能，所以，杯把就被剪裁掉了。此外，冬季汽车空调加热会耗费更多的汽油，利用发动机工作时产生的废热来加热空气，从而可关闭空调也是利用剪裁规则 C 的典型案例。

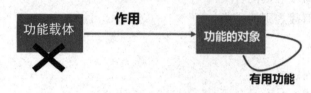

图 5-12　剪裁规则 B

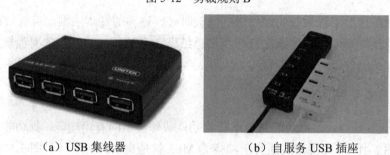

（a）USB 集线器　　　　　（b）自服务 USB 插座

图 5-13　将 USB 集线器设计成自服务 USB 接口

图 5-14　剪裁规则 C

总之，剪裁规则 A 是最为激进的一个规则，剪裁规则 C 是最为常用的一个规则。

任务 4　功能再分配

任务描述

当我们运用剪裁规则将系统中一个或多个组件剪裁掉时，如何将剪裁后的有用功能分配到其他系统组件或超系统组件上，使之成为新的功能载体并提供已剪裁旧功能载体所保留的功能，这是功能再分配问题。那么如何实施功能再分配？新的功能载体应具备哪些特征呢？这将是本节所要学习的内容。

任务分解

本任务可分为两个子任务：

子任务 1：掌握功能再分配的 4 个条件；

子任务 2：通过"戴森风扇"理解功能再分配条件的运用。

任务实施

1. 掌握功能再分配的 4 个条件

一个新的载体如果满足以下 4 个条件之一，那么它就可以被确定为新的功能载体。

（1）某个组件已经对功能对象执行了相同或类似的功能（见图 5-15）。

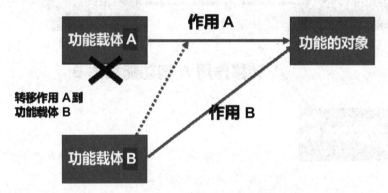

图 5-15 功能再分配条件 1

（2）某个组件已经对另一个对象执行了相同或类似的功能（见图 5-16）。

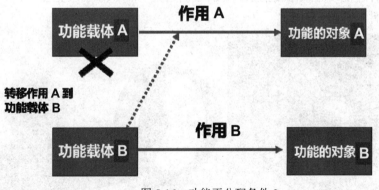

图 5-16 功能再分配条件 2

（3）某个组件对功能对象执行任意功能，或者至少简化了与功能对象的交互作用（见图 5-17）。

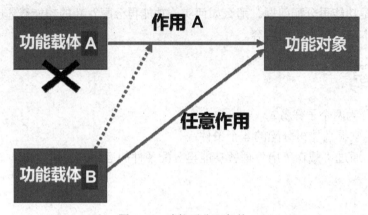

图 5-17 功能再分配条件 3

（4）某个组件拥有所需要的功能必需的资源（见图 5-18）。

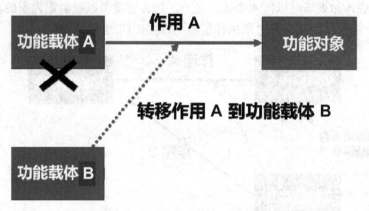

图 5-18 功能再分配条件 4

2. 通过"戴森风扇"理解功能再分配原则的运用

以上 4 个条件可能读起来比较抽象，下面我们通过"戴森风扇"（见图 5-19）的案例来加强对这 4 个条件的理解。

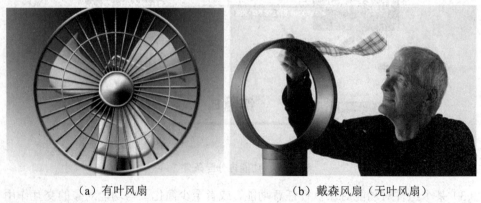

(a) 有叶风扇　　　　　　　　(b) 戴森风扇（无叶风扇）

图 5-19 剪裁有叶风扇

传统的有叶风扇存在一个潜在危险（问题），就是高速旋转的叶片可能对人造成伤害，为解决这个问题，人们给有叶电扇加装前后栏栅罩，但是手指还是有可能不小心伸进前后栏栅罩被高速旋转的叶片伤害。如果剪裁了叶片，前后栏栅罩也就可以剪裁了（剪裁规则A）。剪裁叶片后，叶片"产生气流"的功能则需要分配给剩余的组件来执行（剪裁规则C），英国人戴森发明了世界上第一台无叶风扇，他在普通有叶风扇的基础上，剪裁了叶片和前后栏栅罩，将"产生气流"的功能分配给风扇上的出风环来执行。戴森风扇是让空气从一个1毫米宽、绕着圆环放大器转动的切口里吹出来。由于空气被强制从这一圆圈里吹出来，通过的空气量比原先增大15倍，时速可达到35千米，空气流动比有叶风扇产生的风更平稳，其产生的空气量相当于市场上性能最好的风扇。因为没有风扇片来"切割"空气，使用者不会感到阶段性冲击和波浪性刺激，持续的空气流会让使用者感觉凉爽来得更加自然。

任务5　创建剪裁模型

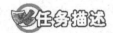

任务描述

我们在前面学习了如何选择剪裁组件，剪裁应遵循哪些规则，如何进行功能再分配等内容，在掌握并能运用这些知识后，如何创建剪裁模型、如何识别并解决剪裁问题就成了成功实施剪裁的关键环节。

任务分解

本任务可以分为两个子任务：
子任务1：理解剪裁模型和剪裁问题的含义；
子任务2：掌握创建剪裁模型的步骤。

任务实施

1. 理解剪裁模型和剪裁问题的含义

剪裁模型是对工程系统实施剪裁后的功能模型，即去掉系统中某个组件后，剩余组件组成的模型就是剪裁模型，它包含实施剪裁后需要进一步解决的一系列问题，即剪裁问题。剪裁问题属于关键问题的一种，运用不同剪裁规则，实施不同的剪裁方案，可以产生不同的剪裁模型，得到不同的剪裁问题。在实际工作中，我们将这些问题归纳出来，利用后续的TRIZ工具去解决。

2. 掌握创建剪裁模型的步骤

一般来讲，创建剪裁模型的步骤为：
（1）进行功能分析，画出功能模型。

(2) 根据剪裁指南选择要剪裁的工程系统组件。
(3) 选择要剪裁的组件的第一个有用功能。
(4) 选择适用的剪裁规则(A、B、C),不建议对基本功能使用剪裁规则 A。
(5) 进行功能再分配,选择一个新的功能载体。
(6) 拟定剪裁问题。
(7) 对所有功能组件重复步骤(3)~(6)。
(8) 对所有被剪裁的候选组件重复步骤(2)~(7)。

可以根据表 5-1 建立剪裁模型。

表 5-1 剪裁模型

组件	功能	功能等级	剪裁规则	新载体	剪裁问题
组件 1	功能 X	基本功能	剪裁规则 C	组件 4	如何使用组件 4 执行功能 X
组件 2	功能 Y	辅助功能	剪裁规则 B	组件 5	如何使用组件 5 执行功能 Y
组件 3	功能 Z	基本功能	剪裁规则 C	组件 6	如何使用组件 6 执行功能 Z

小 结

通过本项目的学习与实践,我们了解了什么是剪裁,怎样选择候选剪裁组件,应遵循哪些剪裁规则,功能再分配的条件有哪些,如何创建剪裁模型以及如何解决剪裁问题。剪裁是一个产生新问题的工具,能够使我们不改造有问题组件,而是直接将其去掉,然后解决由于剪裁而产生的新问题。

实施剪裁适用于工程系统的绝大多数问题,是 TRIZ 解决问题工具中最强大和最有效的工具之一,其应用极其广泛,如降低系统运行成本、精简优化系统、有效规避专利陷阱等。

习 题

一、选择题

1. 剪裁是一种现代 TRIZ 理论中(　　)的工具。
A. 问题识别　　　　　　　　　　B. 分析问题
C. 概念验证　　　　　　　　　　D. 问题解决
2. 剪裁的定义是(　　)。
A. 将工程系统或超系统中一个或多个组件去掉的创新方法
B. 通过"教会"系统或超系统中其他组件执行被剪裁组件的有用功能的方式,来保留系统的功能
C. 一种识别系统或超系统组建的功能、特点及成本的分析工具

D．一种可以挖掘隐藏于初始缺点背后的各种缺点的分析工具
3．剪裁的作用不包括（　　）。
A．剪裁可以精简系统组件，降低系统运行成本
B．剪裁是企业进行专利规避的重要手段
C．剪裁可以提升系统功能价值和运行效率
D．剪裁有助于选择合适的组件分析层级
4．剪裁的程度取决于（　　）。
A．系统层级的数量　　　　　　B．项目的商业和技术方面的限制
C．系统设计的初衷　　　　　　D．功能分析的正确与否
5．在对系统组件实施剪裁后，必须进行（　　）。
A．功能分析　　　　　　　　　B．因果链分析
C．功能导向搜索　　　　　　　D．功能再分配
6．一般来讲，选择剪裁组件应当（　　）。
A．首先采取激进式剪裁
B．选择成本最大的组件进行剪裁
C．剪裁掉具有较低价值的组件，以便降低成本和改进剩余组件
D．剪裁掉最大的组件
7．以下选项不属于剪裁规则的是（　　）。
A．如果有用功能的对象被去掉了，那么功能载体是可以被剪裁掉的
B．如果有用功能的对象自己可以执行有用功能，功能载体则可以被剪裁掉
C．一个组件对另一个组件执行了相同或相似的功能
D．如果能从系统或超系统中找到另一个组件执行有用功能，功能载体则可以被剪裁掉
8．剪裁掉组件通常会导致其他组件执行被剪裁组件的有用功能的一系列问题，我们称之为（　　）。
A．功能问题　　　　　　　　　B．剪裁问题
C．系统问题　　　　　　　　　D．超系统问题
9．建立剪裁模型的第一个步骤是（　　）。
A．进行因果链分析　　　　　　B．进行功能再分配
C．描述剪裁问题　　　　　　　D．通过功能分析，画出功能模型
10．喷水牙刷的发明体现了（　　）剪裁规则。
A．如果有用功能的对象被去掉了，那么功能载体是可以被剪裁掉的
B．如果有用功能的对象自己可以执行有用功能，功能载体则可以被剪裁掉
C．如果能从系统或超系统中找到另一个组件执行有用功能，功能载体则可以被剪裁掉
D．以上都不是

项目 6 实施特性传递

【学习目标】

通过本项目的完成，读者将掌握如下知识和技能：
- 理解特性传递是现代 TRIZ 的问题识别工具；
- 掌握特性传递的实施步骤。

任务 1 掌握特性转移

任务描述

特性转移是现代 TRIZ 中问题识别的工具之一，是现代 TRIZ 中应用最广泛的工具之一。特性传递是一种通过将具备类似主要功能的其他系统的某个特性传递到本系统，以解决某个问题或者提高系统性能的工具。其主要特征是传递的是具有优点的特性，而不是一个系统的某个组件。

任务分解

本任务可以分为 3 个子任务：
子任务 1：理解特性转移的由来；
子任务 2：掌握特性转移的概念；
子任务 3：掌握几个与特性转移相关的名词。

任务实施

1. 理解特性转移的由来

工程系统是指能够执行特定功能的系统。但基本上所有的功能都是有优点和缺点的，不可能有万能的工程系统，满足所有的需求。俗话说"萝卜白菜各有所爱"，对于萝卜，我们吃的是它的根，对于白菜我们吃的是它的叶子。而如果能够将这二者结合起来，就是可以充分利用它的全部，具备萝卜的根和白菜的叶，兼有二者的特性优点（见图 6-1）。对于工程系统来说，也是一样，我们可以把其他工程系统中好的特性移植到我们这个系统中，使系统具备更多的特性或者能满足更广泛的需求。

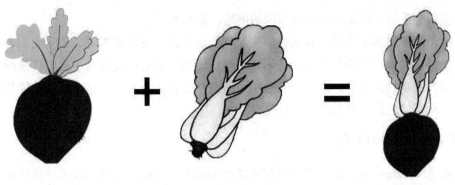

图 6-1 特性传递

特性传递在生物学上的应用更为广泛，转基因产品就属于特性传递的范畴。

图 6-2 转基因水果

普通的钉子穿透力强，容易钉入物体，但附着力弱，又易于拔出；而螺钉穿透力弱，需要螺丝刀旋转用力才能钉入物体，但附着力强，钉入后极难拔出。所谓特性传递，就是在现有系统"钉子"的基础上，吸纳螺钉的附着力优势，形成新的系统——带一定螺纹的钉子（见图6-3）。

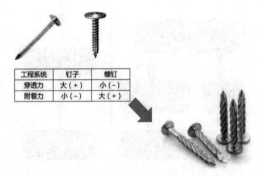

图 6-3 带螺纹的钉子

有时，我们可能会遇到这样的情况，市场上已经有不同类型的产品，它们能够完成类似的功能，而我们在开发新产品的时候，完全可以结合各个系统的优点，开发出更好的产品，以更好地适应用户的需求。比如，市场上有不同制式的手机，那么可以将它们集成在一起，形成多卡手机，以运用不同运营商的网络，取长补短。

再比如，除了普通手机外，具备类似主要功能的产品还有对讲机等。由于它们各自具备不同的优势，比如，对讲机不需要基站，但传输距离比较近；而普通手机则传输距离比较远，但却需要基站的支持。因此，有可能将这两种设备进行集成，将手机的功能集成到对讲机中，从而使之具备更为广泛的适应性。

2. 掌握特性转移的概念

特性传递（feature transfer）是一种用于改善基础工程系统，替代工程系统传递相关的特性的分析工具。通俗地说，特性传递就是"鱼和熊掌要兼得"。

特性传递是现代 TRIZ 理论的重要组成部分，与剪裁方法一样，同属系统关键问题分析的前导，其在现代 TRIZ 理论中的位置如图 6-4 所示。在工程实践中，通过把其他工程系统中有利及好的特性移植到待改善的系统中，通过特性传递实现保持原有系统的优点和使基础系统具有其他移植系统的优势。需要注意的是，将要转移的优点特征不一定是系统的某个部件。

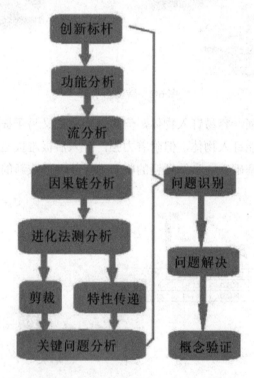

图 6-4　特性传递在现代 TRIZ 理论中的位置

如某船厂希望开发出一种新型的轮船，使其速度更快一些。通过一番探索，认为飞机是运输货物的，具有与轮船相同的主要功能，但速度却比轮船快得多。船的载重量大，但速度比较慢；而飞机的速度快，但载重量小。如果能够将这两种系统的优势特性识别出来，将优点进行集成,则有可能使新系统既具有载重量大,又有速度快的特征。

该船厂的人员开始对系统进行研究,是什么特性让飞机的速度很快呢?结果显而易见,是由于飞机的机翼具有特殊的结构,在高速运动的时候产生的气流可以让机翼产生升力,从而在飞行的过程中,只需要克服空气的阻力即可。

水翼船将飞机的机翼转移到轮船上,利用水翼在水中高速运动产生的升力,将轮船的主体部分托出水平,仅有水翼在水下,因此阻力非常小,从而使轮船同时具备了速度快和载重量大的特征。

可以看到,特性传递可以让我们:
(1)保持原有系统的优点。
(2)通过将具有其他优点的系统的优势特性移植到本系统中,使本系统具备新的优点。

3. 掌握几个与特性转移相关的名词

竞争系统:竞争系统指的是与原有工程系统主要功能相同的工程系统。

备选系统:备选系统指的是与原有工程系统具有完全相反特征的系统。在上面的案例中,飞机就是备选系统。

基础系统:基础系统指的是具备一定缺点,承接优势特性的系统,特性转移将以本系统为基础做改变,将其他系统的特性转移到本系统中,以避免本系统的不足。在上面的案例中,轮船就是基础系统。

特性来源工程系统:特性来源工程系统指的是具有基础系统所不具备的目标特性的系统,我们可以将本系统的这个特性转移到基础系统中。在上面的案例中,飞机就是特性来源工程系统。

任务2 实施特性传递

任务描述

TRIZ 理论中的特性传递工具,在保证基础系统的功能及优点的情况下,将其他工程系统中具有优点的特性传递到基础系统,以改善系统中存在的不足。在传递特性的过程中,需要对问题进行具体分析,这个具体分析的过程就是特性传递的实施步骤。

任务分解

本任务可以分为两个子任务:
子任务 1:掌握特性传递的实施步骤;
子任务 2:分析特性传递实例。

任务实施

1. 掌握特性传递的实施步骤

需要特性传递的问题一般来源于以下两个方面：
（1）已经有几种具备相同主要功能的系统，需要根据这些系统组合开发出一种新系统。
（2）通过前面所讲的因果分析、功能分析等工具，发现现有系统有缺点。
实施特性传递主要按照以下步骤进行：
（1）识别系统的主要功能。
（2）分析系统优缺点。
（3）确定竞争系统。
（4）寻找备选系统。
（5）确定基础系统。
（6）识别特性来源工程系统造成的优点特性或组件。
（7）描述特性来源工程系统新特性或组件附带问题。

在这里需要指出的是，基础系统的选择是很重要的。一般说来，选择成本比较低的或者比较简单的系统比较合适，但这也取决于项目的目标以及具体的限制条件。备选系统则是要选择具有相同主要功能的系统。

2. 分析特性传递实例

【例 6-1】利用特性传递开发新型滑板车。

滑板车是青少年喜爱的运动器材，依靠人体动力进行驱动，深受青少年喜爱，但滑板车存在功能单一、体积庞大与携带困难等问题。

现有滑板车是依靠使用者自身的骑行完成运动，无须其他动力。一只脚踩在踏板上，借助另一只脚的蹬地驱动滑板车前行。传统滑板车的机构包含踏板、轮子（4个）、转轴及连接件，如图 6-5 所示。传统滑板车缺乏动力，功能单一，属运动器材；现代滑板车对传统滑板提出了新的功能要求，以实现运动、代步与载物的有机结合。

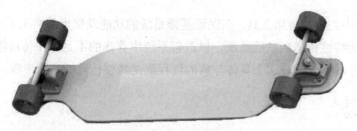

图 6-5 传统滑板车

根据滑板车的功能特点，依据 TRIZ 创新方法的理想解，新型滑板车自身应具有动力，能够具备动力驱动，放置时占据空间小并便于携带。由此，将滑板车确定为 3 个功能要素点：新型动力、占据空间小及便于携带。依据各个功能要点分别采用 TRIZ 的特性传递进行创新设计，下面以结构占据空间小（折叠或嵌套）为例。

（1）识别系统的主要功能。依据 TRIZ 功能分析，滑板车的主体结构为支撑人体，特征为折叠或嵌套。

（2）分析系统的优缺点。折叠式的滑板车结构占据空间小，外出存放于汽车尾箱节省空间，便于存放。

（3）确定竞争系统。具有折叠与嵌套特性的竞争系统有合页、链条、夹子、折本、手风琴、套娃、天线、扇子、液压缸等。

（4）寻找备选系统找出具有目标功能特性的竞争系统作为创新依据，将成熟技术、理念及方法运用于创新的目标产品，确定合页为备选系统。

（5）确定基础系统。以承载人体并占据主要结构的滑板脚踏板为基础系统，结构创新以此为基础。

（6）识别特性来源工程系统造成的优点特性或组件。将合页特性作用于滑板车结构系统，将滑板车脚踏板单体面积一分为二，前后机构折叠缩小结构空间，使得折叠后的滑板车结构紧凑，如图6-6所示。

（7）描述特性来源工程系统新特性或组件附带问题。合页折叠特性的引入，带来了前后板连接以及折叠后机构干涉问题，为解决干涉问题，本文采取了区别于传统4轮滑板的两轮模式（见图6-6），并以后轮的电机轮作为驱动；在解决合页折叠连接问题上采取了插销连接展开，撤销抽出折叠的办法。

对于新型动力（电动）和便于携带（拉杆）的 TRIZ 特性传递创新设计，其方法步骤与结构占据空间小（折叠或嵌套）相似，如表6-1所示。采用 TRIZ 特性传递进行新型动力（电动）和便于携带（拉杆）的创新设计如图6-6所示。

表6-1 特性传递的滑板车创新设计实施步骤

步骤要素		功能要素		
		新型动力（电动）	结构占据空间小（折叠嵌套）	便于携带（拉杆）
步骤1	识别系统主要功能	移动人体	支撑人体	移动物体
步骤2	分析系统优缺点	优点：环保、省力、可靠；缺点：电池重，需要充电	优点：占据空间小，便于存放；缺点：结构复杂，加工难	优点：拉杆伸缩，占据空间小，操作简便；缺点：安装复杂
步骤3	确定竞争系统	溜冰鞋、电动车、自行车、汽车、轮船、雪橇、滑板	合页、链条、夹子折本、手风琴、套娃、天线、扇子、液压缸	购物车、手推车、拉杆箱、手拖车、板车、行吊电动葫芦
步骤4	寻找备选系统	电动车	合页	拉杆鞘
步骤5	确定基础系统	滑板车	脚踏板	滑板车
步骤6	识别特性来源工程系统造成的优点特性或组件	电动车的电机驱动后轮实现了电动助力，动力来源于蓄电池或锂电池	合页式的滑板车脚踏板将单体面积一分为二，前后折叠，缩小空间	拉杆拉动滑板车，解决设备无电状态下的移动问题，拉杆拉动便利

续表

步骤要素	功能要素		
	新型动力（电动）	结构占据空间小（折叠嵌套）	便于携带（拉杆）
步骤7 描述特性来源工程系统新特性或组件附带问题	通过提高充电功率缩短充电时间	解决合页式滑板车展开及固定问题，设计通过插销连接的可折叠踏板及组件	拉杆与滑板车的有机结合，设计拉杆安装位置，适合拉动的拉杆人机工程设计

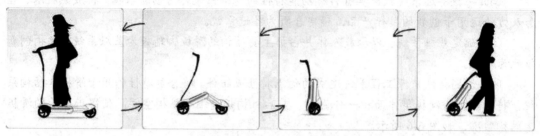

图 6-6 可折叠电动两轮滑板车

【例 6-2】空中鼠标的设计。

目前，较大众化的鼠标为有线鼠标，其工作原理是通过检测鼠标器的位移，将位移信号转化为电脉冲信号，再通过程序的处理和转换来控制屏幕上的光标的移动。其系统复杂、成本较高、有一定局限性，故市场上出现了一种局限性较小的无线鼠标，但是成本更高，依然不能摆脱感应平面的限制。特别是在多媒体教室讲课使用时，鼠标存在的局限性限制了教师的活动范围，影响其在课堂上的发挥，以至于教学效果不理想。

下面使用特性传递工具来解决上述问题。

将目前更为普遍的有线鼠标存在的问题总结为：① 使用有线鼠标受到数据线长度的限制；② 使用有线鼠标受到感应平面的限制，不能在空间灵活地使用。

对于上述的两个问题，针对问题①，采用无线传输信号的方式即可解决，重点在于解决问题②，即如何使鼠标脱离感应平面。对于提出的问题②，采用 TRIZ 理论中的特性传递工具，在保证基础系统的功能及优点的情况下，将其他工程系统中具有优点的特性传递到基础系统中，改善系统中存在的不足。对于问题的具体分析如下：

（1）识别系统的主要功能。鼠标系统的功能是识别人体操作，传输信号，对计算机进行操作。

（2）分析系统优缺点分析。系统存在的优点是能够灵敏地传输信号、稳定度高，能实现对计算机的精确控制；缺点是鼠标结构复杂，脱离感应平面使用不能传输信号，使用受到了限制。

（3）确定竞争系统。同样可以传输信号的系统有体感游戏手柄、手机、遥控器等。

（4）寻找备选系统。这里选择可以在空中传输信号的体感游戏手柄，将有线鼠标与体感游戏手柄的优缺点进行对比分析,有线鼠标操作功能多样化,但使用时操作限制比较多;而体感游戏手柄受到的操作限制少,但功能单一,于是得到表 6-2 所示的互补工程优缺点分析。

表 6-2　互补工程的优缺点

工程系统	有线鼠标	体感游戏手柄
操作功能	多(+)	少(-)
操作限制	高(-)	低(+)

(5)确定基础系统。由于传输信号,控制计算机是我们的项目目标,而有线鼠标的传输信号快、传输功能稳定,因此选择有线鼠标作为基础系统。

(6)识别特性传递来源工程中造成优点的特性或者组件。由于我们选择的是有线鼠标作为基础系统,体感游戏手柄则作为基础系统的特性来源,根据分析,发现体感游戏手柄能够在空间进行操作,是因为具有陀螺仪组件,它的工作原理是通过测量物理量偏转、倾斜时转动角速度,判断使用者的实际动作,将动作信号转变为指令信号,对游戏做出相应的操作。由于这一特性,体感游戏手柄的使用不拘泥于平面,操作性灵活。

(7)描述特性来源工程新特性或组件附带问题。我们需要解决的问题②是鼠标受到感应平面的限制而不能在空间随意使用,于是将体感游戏手柄中的陀螺仪组件移入基础系统有线鼠标中,通过对动作的解算,进行信号的传输,从而控制计算机。特性组件的移入实现了鼠标能够摆脱以往感应平面的限制,在操作上更具有灵活性。

综上分析,我们利用 TRIZ 理论中的特性传递工具,设计出一种新型单片机无线体感鼠标,如图 6-7 所示。在不改变基础系统的主要功能情况下,陀螺仪通过对动作的感知,将动作信号转换为通信信号,在空中无线传输,对计算机进行操作,恰好弥补了目前有线鼠标受到感应平面这一限制的缺点,具有操作性强、灵活度高的优点。

图 6-7　单片机无线体感鼠标

小 结

综上所述，我们可以看出，特性转移是一个识别问题的工具，通过转移特性而不一定是转移组件，可以使工程系统具备新的特性来克服缺点，提高其性能。

习 题

选择题

1. 特性传递属于现代 TRIZ 中的（   ）工具。
   A. 问题识别　　B. 问题解决　　C. 概念验证　　D. 不确定
2. TRIZ 理论中，通过特性传递，可以让我们（   ）。
   A. 保持原有系统的优点
   B. 将具有其他优点的系统的优势特性移植到基础系统
   C. 使基础系统具备新的优点
   D. 改正已有缺点

项目 7 应用功能导向搜索

【学习目标】

通过本项目的完成,读者将掌握如下知识和技能:
- 理解功能导向搜索是现代 TRIZ 的解决问题工具;
- 掌握功能导向搜索的实施步骤。

任务1 掌握功能导向搜索

任务描述

我们在解决项目问题的时候,往往会遇到这样一种尴尬的局面:我们希望找到一种全新的解决方案,但当我们找到全新的解决方案的时候,这种解决方案是否可行却存在着很大的疑问,因为我没有相关的背景经验,并不清楚这种全新的解决方案是否容易实施。但如果我们知道这种全新的解决方案已经在其他领域有相关的应用,那么我们就非常容易把握这种解决方案。一个解决方案在我们的项目领域里可能是全新的,但在其他领域之中,这个解决方案可能已经发展得非常成熟。如果我们把这个成熟的解决方案移植到我们的项目之中,就有可能解决我们项目中的问题。由于该解决方案在其他领域中已经拥有相当丰富的应用经验,所以当我们的项目应用该解决方案时,还具有低风险、低成本的优点。所以,我们今天所探讨的功能导向搜索就是为了解决一个矛盾,即解决方案既是全新的,又是成熟的。

任务分解

本任务可以分为 3 个子任务:
子任务 1:掌握功能导向搜索的概念;
子任务 2:掌握对功能的一般化处理;
子任务 3:掌握领先领域的选择。

任务实施

1. 掌握功能导向搜索的概念

功能导向搜索是在对目前跨领域现有成熟技术进行功能分析的基础上用于解决问题的

工具。目前,有些行业或领域发展相对成熟,比如,医药、军事、航空航天,这些领域的解决方案技术先进,相对可靠。与倾向于原创和新发明的传统创新模式相比,功能导向搜索通过改变问题适应性,寻找和借鉴其他行业现有的成功解决方案,进行不同应用领域的迁移,而非完全创造全新的解决方案,能够更容易、更快速、更高效、更安全地规避部分专利,解决现有问题。

2. 掌握对功能的一般化处理

我们在利用百度或谷歌等搜索引擎进行搜索时,一般是基于关键词来搜索的,但我们这里要介绍的功能导向搜索与常规搜索不同。基于关键词的搜索,其所搜索的是经过一般化处理的功能。对于功能的定义,我们在前面的功能分析部分已经有了非常详细的介绍。很多时候,虽然我们期望的搜索结果是某个功能的载体,但是我们真正需要的却是它的功能。比如我们搜索一个灯泡,其实我们真正需要的是它的功能,也就是灯泡所产生的光(见图 7-1)。再比如,我们需要一个吸尘器,其实我们真正需要的是清除地面上的灰尘(见图 7-2),也就是它的功能。

图 7-1 发光的灯泡　　　　　　　　图 7-2 清除地面灰尘的吸尘器

为了解释一般化的功能,我们先来列举几个例子。在半导体领域,有一种技术叫蚀刻,也就是将半导体衬底表面很薄的一层材料去掉;在考古的时候,需要把古董表面的一些灰尘去掉;在医学领域,牙科医生需要将牙齿表面上的牙屑去掉。虽然在不同的领域人们应用的术语不一样,但这些动作的一般化的功能是相同的,即从物体表面去除微小的颗粒。假如我们现在遇到这样一个问题,用什么样的方法可以高质量地擦玻璃,用功能的语言来描述就是如何去除玻璃表面的灰尘,如果我们对这个功能进行一般化处理,即可以表述为在物体表面去除微小的颗粒。那么上面例子中提到的半导体、考古、医学等领域的解决方案就可以被移植过来解决我们的问题。

我们在前面的功能分析部分介绍过,功能的描述分为 3 个部分,即功能的载体,功能的对象以及它们之间的动词。在这里我们需要寻找一个解决方案，因此功能的载体不能预先确定，那么我们就用动词以及功能的对象来描述功能。比如，我们将刷牙描述为去除牙屑，将扫地描述为去除地面上的灰尘。

功能进行一般化处理就是将功能中的动词，以及功能对象中的术语去掉，用一般化的语言代替。比如，牙齿上的牙屑和地面上的灰尘都可以用微粒来代替，把水用液体来代替，把蚀刻用去除来代替，等等。

3. 掌握领先领域的选择

领先领域指的是目前某个技术应用最为成熟的领域，或者说我们所要解决的功能问题在这个领域里面相当关键，并且必须得到非常好的解决，如果解决不好就会产生非常严重的后果。所以在这个领域里面，人们为了解决这个问题已经投入了相当的时间、智慧、财力，产生了一系列的解决方案。比如，手术室里的杀菌问题、半导体生产线里的清净问题，这些问题比我们一般情形下所遇到的要严苛得多，因此在这些领先领域里就可能存在我们所需要的解决方案。

某家国外的日用品公司需要开发一种新型的尿布，为了提高吸水量，需要在材料上打许多小孔，孔的数量越多、越均匀，吸水量越高。当时的几种现成的解决方案均不能满足要求，采用机械打孔会使针头快速磨损；采用激光打孔，成本太高。如果直接搜索在尿布上打孔如何解决，那么，解决方案将是一无所获。如果用一般化的功能的语言来表述，就是将尿布这个术语去掉，这个问题就变成了"如何在薄的材料上打孔"。这样就会得到很多其他领域的解决方案。其中的一个解决方案就是，利用航天领域的粉末枪打孔。NASA为了测试航天器在太空中受高能粒子撞击后的稳定性，开发出了粉末枪，粉末枪能产生高能量的微粒，让这些微粒以很快的速度到达航天器表面产生微孔，然后再进行进一步测试。这项技术刚好可以解决在尿布上均匀地打出微孔的问题。由于这个解决方案已经在NASA得到了充分的测试和改进，所以移植到尿布的项目上非常容易，风险很小，研发周期大大缩短。

通过这个案例，我们可以感受到，虽然尿布和航天器所处的领域相去甚远，但利用功能导向搜索的方法，可以将一些看起来不相关领域的解决方案借用到你所研究的领域，从而解决技术问题。

任务2　实施功能导向搜索

任务描述

TRIZ理论中的功能导向搜索工具是通过改变问题适应性，寻找和借鉴其他行业现有的成功解决方案，进行不同应用领域的迁移。在功能迁移的过程中，需要对问题进行具体分析和解决，这个具体分析、解决的过程就是功能导向搜索的步骤。

任务分解

本任务可以分为两个子任务：
子任务 1：掌握功能导向搜索的步骤；
子任务 2：分析功能导向搜索的实例。

任务实施

1. 掌握功能导向搜索的步骤

与大多数现代 TRIZ 理论的工具相同，功能导向搜索也有一系列的步骤：
（1）将要解决的关键问题转化为功能化模型，即用功能的语言来描述问题。
（2）去掉术语，一般化模型，有两种方法：① 一般化动词；② 一般化功能的对象。
（3）找到一些领先领域的解决方案。
（4）将这个解决方案转化为我们所需要的具体方案。

图 7-3 描述了功能导向搜索的工作原理。开始，我们遇到了一个关键问题，这个关键问题并不是用功能语言来描述的，所以有可能不太明确，对此，我们要用功能的语言对问题进行更加清晰的定义。但是如果我们直接去搜索这个具体的功能，搜索的范围会比较窄，得不到有效的解决方案，需要对功能做一般化处理。但是经过一般化处理的搜索，会产生非常多的解决方案，要将这些解决方案逐个分析一遍也要花费很长的时间，效率很低，因此，我们需要确定一个或几个领先领域，在这些领先的领域寻找可能的解决方案，这样可以大大缩小搜索范围，把搜索结果限定在一个更加准确的范围内。当然，在这些领先领域也会存在不止一个解决方案，但是数目已经大大减少了。更为重要的是，由于在领先领域所遇到的问题，比我们在研究项目中所碰到的问题更加严苛，所以，用这些已有的解决方案解决我们项目中的问题的可能性就会更大。从领先领域中锁定几个方案后，可以用头脑风暴的方法，产生一些具体的解决方案，最终选择一条最合适的解决方案来解决我们项目中的问题。

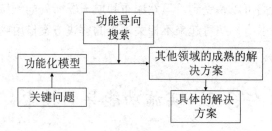

图 7-3 功能导向搜索的工作原理

2. 分析功能导向搜索的实例

【例 7-1】多功能课桌设计。

结合高校不同教学环节对课桌的功能需求，设计一种集多种功能于一体的多教学环节共享型课桌，实现一桌多用，以满足不同教学环节的各种特殊功能需求。

（1）将要解决的关键问题转化为功能化模型，即用功能的语言来描述问题。

针对课桌的一般用户对象，选择高等学校的学生和老师作为调研对象。结合需要获取的信息内容，针对调研对象进行问卷调查、实地考察与走访。

整理规范用户需求信息，确定课桌存在普通课堂、设计绘图课、多媒体课、小班讨论课、自习和考试以及其他的室内活动等教学环节。总结提炼出以下用户需求：普通课桌不适合不同身高的人使用；多媒体课堂需要专门的电脑桌；小班讨论课需要用于面对面讨论的会议桌；课程设计绘图时需要从不同高度和角度进行绘图；自习和考试需要安静的小环境；活动课需要腾出教室空间。

功能设计是产品概念设计中的核心部分之一，通过对用户需求信息进行分析，将需求分析结果输出为产品设计的功能。多教学环节共享型课桌的需求与功能对应关系如图 7-4 所示。

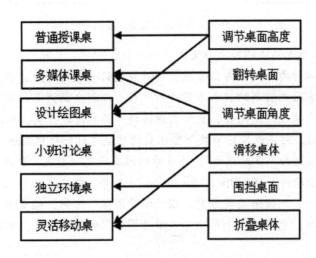

图 7-4 需求与功能对应关系

（2）去掉术语，一般化模型。

在运用 TRIZ 理论进行产品的功能设计时，为了便于在其他领域搜索到可实现课桌各功能的相关产品及其结构，需要对产品的功能进行一般化描述，即用"动词+名词"的形式描述产品的功能。多教学环节共享型课桌具有 6 个功能，桌体调高功能用于普通授课和设计绘图环节，满足学生对不同桌体高度的需求；桌面角度调节功能用于设计绘图环节，满足学生对不同桌面角度的需求；桌面翻转功能用于多媒体教学环节，满足学生对电子化教学设备的需求；整桌移动功能用于讨论课环节，满足学生面对面交流的需求；桌侧板抽拉功能用于自习和考试环节，满足学生对安静的考试和自习以及防止考场作弊的需求；桌身折叠功能用于课桌集中存放和运输环节，满足节省空间资源的需求。多教学环节共享型课桌功能的一般化描述如图 7-5 所示。

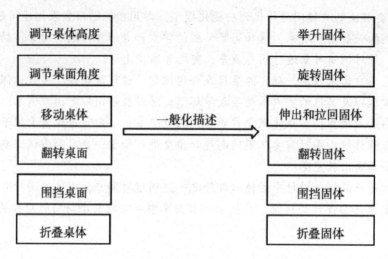

图 7-5　多教学环节共享型课桌功能的一般化描述

（3）找到一些领先领域的解决方案。

功能导向搜索以行为和对象为出发点，将功能进行一般化处理，从发展比较成熟和先进的领域，寻找可靠性比较高的技术方案进行迁移，以解决新产品的技术问题。通过技术迁移能够更容易、更快速、更高效、更可靠地得到产品的设计方案，解决现有的问题。

在功能设计阶段，对多教学环节共享型课桌的功能进行一般化描述，明确问题。"调节桌体高度"一般化描述为"举升固体"，将具体的调高问题一般化。利用百度、谷歌等常用搜索引擎，专用商业软件如 Goldfire、Invention Tool 等工具在其他行业以及专利库中搜索功能关键词，找到一系列概念实现方案。以"举升固体"为例，检索出剪叉式高空作业平台、蜗轮蜗杆升降机、电脑椅、千斤顶等"举升固体"的解决方案，功能导向搜索结果如图 7-6 所示。

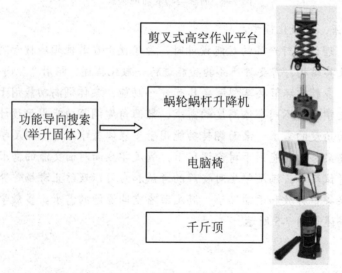

图 7-6　功能导向搜索结果

（4）将这个解决方案转化为我们所需要的具体方案。

从系统的主要价值参数、每个价值参数的提升能力等方面，对功能导向搜索所选择的工程系统进行综合比较、分析、评定等级。确定系统的理想度，应采用结构简单、成本低廉的结构实现产品功能。

针对多教学环节共享型课桌各个分功能，对功能导向搜索分析、选择出的技术方案进行综合比较，评价各备选方案。如"举升固体"，剪叉式高空作业平台结构占据较大空间，降低了空间利用率和舒适性；电脑椅利用气压升降对零部件的加工精度要求高，成本高，且气压升降存在不稳定性；千斤顶液压结构复杂，成本高，且调节速度慢，使用不便。经过综合评价与分析，选择将蜗轮蜗杆升降机的蜗轮蜗杆传动原理用作多教学环节共享型课桌桌体调高的解决方案（见图7-7）。其优点是动力源直接来自使用者，结构省力，节能环保，蜗轮蜗杆具有自锁特点，可以实现课桌高度在一定范围内任意调节而无须外加锁定装置。

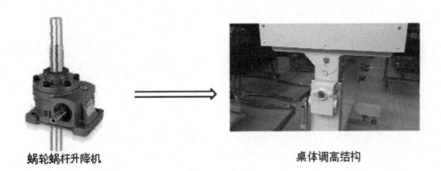

图7-7 具体解决方案

小　　结

我们介绍了如何运用功能导向搜索的方法来借用其他领域的解决方案，低风险、低成本地在本领域产生创新解决方案。一般来说，其他领域的解决方案给出来的只是方向性的概念，是不能直接拿来用的，通常会存在次级问题，接下来，可以运用TRIZ理论中的工具来解决这些次级问题，进而形成最终解决方案。

习　　题

一、选择题

1. 功能导向搜索属于现代TRIZ中的（　　）工具。
A. 问题识别　　　B. 问题解决　　　C. 概念验证　　　D. 不确定

2. 关于功能导向搜索，下面说法不正确的是（   ）。

A．功能导向搜索就是在领先领域中搜索功能化模型

B．在功能导向搜索中，术语往往让我们忽视了一般化的功能

C．对功能进行一般化处理就是将功能中的动词以及功能对象中的术语去掉，用一般化的语言代替

D．功能导向搜索可以将一些看起来不相关的领域的解决方案借用于所研究的领域

项目 8 应用 40 个发明原理

【学习目标】

通过本项目的完成，读者将掌握如下知识和技能：
- 了解发明原理的由来和分类；
- 掌握 40 个发明原理。

任务 1　了解发明原理

任务描述

TRIZ 的发明人阿奇舒勒认为，要解决系统矛盾，可通过前人的发明智慧来寻找，因此他筛选了 20 万项专利，从中寻找解决方案和分析产生专利的方法，萃取出 40 个具有普遍性的发明原理，作为解决所有系统矛盾的方法。

任务分解

本任务可以分为两个子任务：
子任务 1：了解发明原理的由来；
子任务 2：理解发明原理的应用方法。

任务实施

1. 了解发明原理的由来

在经典 TRIZ 理论形成阶段，阿奇舒勒针对大量的发明专利进行仔细研究，发现其中只有少数的专利才是真正的创新。许多专利中所使用的解决方案，其实早已经在其他领域中出现并被应用过。在不同的技术领域，类似的问题和相同的解决方案被人们反复使用。

比如，方形西瓜、"永不分梨"酒、人形的人参果等，都是运用相同的原理，即在水果还很小的时候就将其放在容器中，水果长大后就具备了特定的形状（或者水果长在瓶子里），如图 8-1 所示。

图 8-1 发明原理的由来

虽然每个专利所解决的问题不一样,但解决这些问题所使用的原理是基本类似的。也就是说,尽管不同领域的解决方案千差万别,但所使用的原理是基本类似的。就是这些少数的原理,被一次又一次地重复使用,从而产生了大量的发明。

针对典型矛盾的典型解决方案,在大多数情况下,都能够有效解决问题。阿奇舒勒将这些典型的解决方案进行归纳总结并进行编号,共计 40 个,被称为 40 个发明原理(见表 8-1)。

表 8-1 40 个发明原理

编号	原理名称	编号	原理名称
与结构相关的发明原理		与效应相关的发明原理	
1	分割	28	机械系统替代
3	局部质量	33	同质性
4	非对称	35	物理/化学状态变化
5	合并	36	相变
7	嵌套	37	热膨胀
14	曲面化	38	加速氧化
17	一维变多维	39	惰性环境
24	中介物	40	复合材料
29	气压或液压结构	与能量相关的发明原理	
30	柔性外壳或薄膜	8	重量补偿
31	多孔材料	12	等势
与时间相关的发明原理		与动作相关的发明原理	
9	预先反作用	2	抽取
10	预先作用	13	反向作用
11	预先应急措施	16	不足或超额行动
15	动态特性	23	反馈
18	机械振动	25	自服务
19	周期性动作	其他无法归类的发明原理	
20	有效作用的连续性	6	普遍性
21	快速通过	22	变害为利
34	抛弃或再生	26	复制
		27	一次性用品
		32	改变颜色

阿奇舒勒认为，如果跨领域间的技术能够更加充分地被借鉴，就可以更容易地开发出创新的技术。同时他也认为，解决发明问题的规律是客观存在的。如果掌握这些规律，就可以跨越领域、行业的局限，提高发明的效率、缩短发明的周期，使解决发明问题更具有可预见性。

2. 理解发明原理的应用方法

发明问题的核心是解决矛盾，未解决矛盾的设计不是创新设计，设计中不断地发现并解决矛盾，是推动产品向理想化方向进化的动力。产品创新的标志是解决或移走设计中的矛盾，从而产生新的具有竞争力的新技术、新产品。

在问题的定义、分析过程中，阿奇舒勒通过选择 39 个通用工程参数中相适宜的参数来表述系统的性能，这样就将一个具体的问题用 TRIZ 的通用语言表述了出来，这是 TRIZ 解决问题的路径之一。当 39 个工程参数中任意两个参数产生矛盾时，通过查找阿奇舒勒矛盾矩阵，可以快捷地找到解决对应问题的办法。

所以我们对 40 个发明原理的应用是根据阿奇舒勒矛盾矩阵直接查找化解该矛盾的发明原理，并将所推荐的发明原理逐个应用到具体问题上，探讨每个原理在具体问题上如何应用和实现（见图 8-2）。

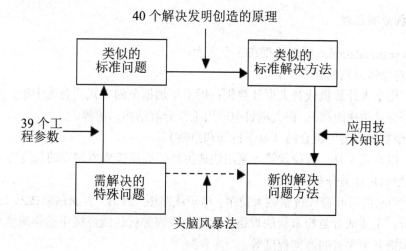

图 8-2 发明原理的应用

任务 2　掌握与结构相关的发明原理

与结构相关的发明原理主要是指通过改变物体的结构或结构形式，达到创新的目的。

任务分解

本任务可以分为 11 个子任务：

子任务 1：掌握分割原理；
子任务 2：掌握局部质量原理；
子任务 3：掌握非对称原理；
子任务 4：掌握合并原理；
子任务 5：掌握嵌套原理；
子任务 6：掌握曲面化原理；
子任务 7：掌握一维变多维原理；
子任务 8：掌握中介物原理；
子任务 9：掌握气压或液压结构原理；
子任务 10：掌握柔性外壳或薄膜原理；
子任务 11：掌握多孔材料原理。

任务实施

1. 掌握分割原理

分割（segmentation）原理体现在 3 个方面：

（1）将物体分割为独立部分。

比如：用个人计算机代替大型计算机；用卡车加拖车的方式代替大卡车；用烽火传递信息（分割信息传递距离）；在大项目中应用工作分解结构；等等。

（2）使物体成为可组合的（易于拆卸和组装）。

比如：组合式家具；橡胶软管可利用快速拆卸接头连接成所需要的长度等。

（3）增加物体被分割的程度。

比如：用软的百叶窗代替整幅大窗帘；电子线路板（PCB）表面贴装技术（SMT）中所使用的锡膏，主要成分是粉末状的焊锡，用这种焊锡替代传统焊接用的焊锡丝和焊锡条，从而大大地提升了焊接的透彻程度等。

【例 8-1】通红的玻璃板。

在玻璃批量生产线上，对玻璃先进行加热然后再进行加工，加工完成后的玻璃仍处于通红状态，需要将其输送到指定位置直至冷却下来。

现在的问题是，因为玻璃还处于高温，呈现柔软的状态，在滚轴传输线的输送过程中会因为重力下垂而造成变形，导致玻璃表面凹凸不平，后续需要大量的打磨工作来进行修正。

工程师提出将传输线上的滚轴直径做到尽量小，以减少玻璃悬空的面积，提高玻璃的平度。如果让滚轴直径像火柴棍一样细，组成一个传输线，那么每米长度内将有大约 500 个滚轴，安装时需要像做珠宝首饰一样细致。这个传输线的造价将难以承受，最好用新的方法来替代。

一个基于分割原理的解决方案是突破常规思维的限制，将滚轴直径无限缩小，一直分割下去，物质将呈现分子、原子状态。具体的解决方案是：用熔化的锡来代替滚轴。传输线是一个长长的、盛满熔化锡的槽子。由于锡的熔点低而沸点高，正适合通红的玻璃板的冷却温度区间，熔化锡在重力作用下，会呈现出一个绝对平面，可以很好地满足此工序的要求。而基于这个解决方案，又出现了很多的专利，比如，给锡通电可以与磁铁一起作用，来完成对玻璃的成型加工。

2. 掌握局部质量原理

局部质量（local conditions）原理体现在以下 3 个方面：
（1）将物体或外部环境的同类结构转换成异类结构。
比如：采用温度、密度或压力的梯度，而不用恒定的温度、密度或压力。
（2）使物体的不同部分实现不同的功能。
比如：带橡皮擦的铅笔、带起钉器的榔头；多功能工具，其不同部分可分别作为普通钳子、剥线钳、普通螺丝刀、十字螺丝刀和指甲修剪工具等。
（3）使物体的每一部分处于最有利于其运行的条件下。
比如：快餐饭盒中设置不同的间隔区来分别存放热、冷食物和汤。

【例 8-2】巨大的过滤器。

一家工厂获得了一个大订单，产品是一个圆柱形过滤器，圆柱的直径为 1 米，长度为 2 米，轴向均匀分布直径为 0.5 毫米的密密麻麻的很多过滤通孔。

工程师们看到图纸后都惊呆了，每个过滤器要加工出成千上万个轴向小孔。

"我们该如何来加工这么多的小孔呢？"总工程师问大家，"用钻床来钻吗？"

"显然，钻这么多的小孔是不可能实现的，也许可以用高温铁针来扎出这些孔。"一位年轻的工程师毫无把握地说。

所有的工程师都陷入了沉默。这似乎是一个无法解决的难题。

一个基于局部质量原理的解决方案是将过滤器的功能进行分解，其主要构成元素是过滤孔和基体，有用功能的元素是过滤孔，即过滤孔是有用的局部质量。每个过滤孔不就是一条管子吗！拿一些细管，并捆扎起来，就形成了过滤器。这种过滤器的组装制造和拆离都可以非常方便地完成。用细圆棒做原料，然后捆扎起来，而圆棒之间的空隙就形成了过滤孔，也可以实现过滤器的功能。

3. 掌握非对称原理

非对称（asymmetry）原理体现在以下两个方面：
（1）用非对称形式代替对称形式。
比如：非对称容器或者对称容器中的非对称搅拌叶片可以提高混合的效果（如水泥搅

拌车等);模具设计中,对称位置的定位销设计成不同直径,以防安装或使用过程中出错。

(2) 如果对象已经是非对称,增加其非对称的程度。

比如:将圆形的垫片改成椭圆形甚至特别的形状来提高密封程度。

【例 8-3】聪明的气罐。

很多家庭都使用罐装式液化石油气,但让他们烦恼的是,不知道气罐里的气体何时将耗完,所以不能及时更换。

一家燃气公司的工程师们试图解决这个问题。前提是方法简单易行,并能准确预报罐中燃气何时耗完。

"测量压力?"一位工程师说。

"不行,这不管用,只要罐中还有少量燃气,其压力的变化就不明显,而且压力表的成本较高。"另一位工程师即刻反对。

"如果称重量呢?"又一位工程师说。

"这也不行。每次都要拆出气罐来称重量,对于用户来说太麻烦了,况且容易引发安全问题。"再一位工程师反对道。

看来,在不增加成本和复杂性的基础上要获得气罐里气体的信息是一个似乎不能解决的难题。一个基于非对称原理的解决方案是改变气罐底面一般是完整的圆形这种习惯性的对称结构,采用非对称的结构。将煤气罐的底面做成部分斜面。这样,当有液体燃气充当气罐底部重物时,气罐保持直立,一旦液态燃气消耗完毕,底部失去压重物,气罐会在重力作用下歪向一边,相当于提醒用户:"燃气将尽,请速更换。"

4. 掌握合并原理

合并(consolidation)原理体现在以下两个方面:

(1) 合并空间上的同类或相邻的物体或操作。

比如:网络中的个人计算机;并行处理计算机中的多个微处理器;合并两部电梯来提升一个宽大的物体(拆掉连接处的隔板)。

(2) 合并时间上的同类或相邻的物体或操作。

比如:把百叶窗中的窄条连起来;同时分析多项血液指标的医疗诊断仪器;现代冷热水龙头,调温通过转动完成,将过去的两个水龙头合并为一个水龙头。

【例 8-4】玻璃磨角。

一家工厂接到一个大订单,需要生产大量椭圆形的玻璃板。

首先,工人们将玻璃板切成长方形,然后将 4 角磨成弧形从而形成椭圆形。然而,在磨削工序中,出现了大量的破碎现象,因为薄玻璃受力时很容易断裂。

"我们应该将玻璃板做得厚一点。"一位工人对主管说。

"不行,"主管说,"客户的订单上要求的就是这种厚度的产品。"

这似乎是一个难以解决的问题。

一个基于合并原理的解决方案产生了。我们的玻璃应该既厚又薄,玻璃在磨削的工序中应该是厚的,而加工完成后应该是薄的。将多层玻璃叠放在一起从而形成一叠玻璃,而且事先在每层玻璃板上洒一层水,以保证堆叠后的玻璃可以形成相当强的粘贴力。一叠玻璃的强度会远大于单层玻璃的强度,在磨削加工中就可以承受较大的磨削力,从而改善玻璃的可加工性。当磨削加工完成后,再分开每层玻璃,水分自行挥发,从而即可获得所需要的产品。

5. 掌握嵌套原理

嵌套(nesting)原理体现在以下两个方面:

(1)将第1个物体嵌入第2个物体,然后将这两个物体一起嵌入第3个物体……

比如:(一组)量杯(匙);俄罗斯玩偶娃娃(俄罗斯套娃)。

(2)让物体穿过另一物体的空腔。

比如:伸展天线、伸缩变焦镜头。

【例 8-5】火星车。

一个科幻故事里描述了一次火星探险。宇宙飞船降落在一道石头山谷,宇航员乘坐一辆火星车开始火星之旅。这个特型火星车有巨大的轮胎,当行驶到陡坡时,很容易在石头的颠簸下翻车。怎么办?

这个问题刊登在一本杂志上,收到了大量的读者来信,提供的解决办法有:在火星车的下面悬挂重物,降低整车的重心,增加稳定性;将轮胎的气放出一半,轮胎下陷,增加稳定性;在火星车的两边分别多安装一只轮胎;让宇航员探出身体来保持车子的平衡。

上面的各种建议,确实能改善火星车的稳定性,但明显都带来了另一些问题,比如,降低了火星车的运动性能,降低了车速,让火星车变得更复杂,增加宇航员的危险性,等等。

随后,一个基于嵌套原理的解决方案产生了。在火星车里放入重物,并将重物放得非常低以接近火星的地面,这样可以降低车子的重心。在火星车的轮胎里放置球形重物,这些重物可以滚动,总处在轮胎的最下面,以最低的重心来保持火星车的稳定。

6. 掌握曲面化原理

曲面化(spheroidality)原理体现在以下3个方面:

(1)用曲线、曲面代替直线、平面,立方体结构改成球体结构。

比如:在建筑中采用拱形或圆屋顶来增加强度;结构设计中,用圆角过滤避免应力集中。

(2)使用滚筒、球体、螺旋状等结构。

比如:圆珠笔的球状笔尖使得书写流利,而且延长了使用寿命。

(3)从直线运动改成旋转运动,利用离心力。
比如:用洗衣机甩干衣物代替原来用手拧干的方法。

【例 8-6】莫比乌斯环。

科幻故事《黑暗的墙》中,哲人格里尔手里拿着一张纸,对同伴不里尔顿说:"这是一个平面,它有两个面。你能设法让这两个面变成一个面吗?"

不里尔顿惊奇地看着格里尔说:"这是不可能的。"

"是的,乍看起来是不可能的,"格里尔说,"但是,你如果将纸条的一端扭转 180 度,再将纸条对接起来,会出现什么情况?"

不里尔顿将纸条一端扭转 180 度后对接,然后粘贴起来。

"现在把你的食指伸到纸面上。"格里尔说。

不里尔顿已经明白了这位智者同伴的智慧,他移开了自己的手指。"我懂了!现在不再是分开的两个面,只有一个连续的面。"

这就是以著名的德国数学家莫比乌斯命名的"莫比乌斯环"。

很多人利用这个奇妙的"莫比乌斯环"来获得发明。大约有一百多项专利均是基于这个奇妙的环。有砂带机、录音机、皮带过滤器等。

"莫比乌斯环"正是曲面化原理的典型代表。

7. 掌握一维变多维原理

一维变多维(shift to a new dimension)原理体现在以下 4 个方面:

(1)将物体从一维变到二维或三维空间。

比如:螺旋梯可以减少所占用的房屋面积。

(2)用多层结构代替单层结构。

比如:多碟 CD 机可以增加音乐的时间,丰富选择。

(3)使物体倾斜或侧向放置。

比如:自动装卸车。

(4)使用给定表面的"另一面"。

比如:印制电路板经常采用两面都焊接电子元器件的结构,比单面焊接节省面积。

【例 8-7】会变身的自行车。

对很多人来说,学骑自行车可能是件令人烦恼的事,经常会摔倒,尤其是儿童学骑自行车时可能会发生危险。

现在,人们将不再有这种顾虑了。美国帕杜大学的工业设计师发明出一种"变身三轮车",当骑车者加速时,它的两个后轮会靠得越来越近,而减速或停车时,两个后轮又会分开,骑车者根本不用担心车子会侧翻。

8. 掌握中介物原理

中介物（mediator）原理体现在以下两个方面：

（1）采用中介体传递或完成所需动作。

比如：木匠的冲钉器，用在榔头和钉子之间；机械传动中的惰轮。

（2）把一个物体和另一个物体临时结合在一起（随后能比较容易地分开）。

比如：用托盘把热盘子端到餐桌上。

【例 8-8】胶管上的孔。

现在需要在一根长胶管上钻出很多径向小直径的标准孔，因为胶管很软，钻孔操作起来非常困难。

有人建议用烧红的铁棍来烫出小孔。经过尝试，发现烫出的小孔很毛糙，而且很容易破损，不能满足质量要求。

"有没有什么好的办法？"经理问。

大家面面相觑。

这似乎是一个不容易解决的问题。

…………

突然，TRIZ 先生出现了。

"有一个很简单的办法，可以帮助我们完成这项加工。"他说。

于是，一个基于中介物原理的解决方案产生了。

先给胶管里面充满水，然后进行冷冻，待水冻成冰态时，再进行钻孔加工。加工完成后，冰会融化成水，很容易流出管道。

9. 掌握气压或液压结构原理

气压或液压结构（pneumatics or hydraulic construction）原理：使用气体或液体代替物体的固体零部件，也可使用空气或液体的静压缓冲功能。

比如：充满凝胶体的鞋底填充物，使鞋穿起来更舒服；把车辆减速时的能量储存在液压系统中，然后在加速时使用这些能量。

【例 8-9】元帅的旗子。

在电影拍摄现场，一场激烈的战斗正在进行，兵对兵、将对将捉对厮杀，刀枪飞舞、马嘶人叫，场面好不热闹。

虽然布景布置得很漂亮，演员演得也非常好，可是，导演依然感觉不满意。

"这是一场两军对垒，"导演说，"将军的旗子是战斗的中心，可是我们感觉不到这个气氛。"

"为什么会这样？"助手说，"将军在旗子下战斗着！"

"噢，旗子，旗子挂在旗杆上，一动也不动，"导演说，"它就像一块布，旗子应该在风中飘舞！"

"怎么样才能做到呢？"助手说，"现场没有风啊！"

....

突然，TRIZ 先生出现了。

"我们要让旗子永远飘扬。"他说。

于是，一个基于气压结构原理的解决方案产生了。

将旗杆做成中空的，并在旗杆上部靠近旗子的位置钻上小孔。在旗杆的底部装上一个小风扇，利用小风扇产生的风吹动旗子飘扬。

所以，大家看到的电影中的旗子一定是在空中飘扬的。

10. 掌握柔性外壳或薄膜原理

柔性外壳或薄膜（flexible "shells" or thin films）原理体现在以下两个方面：

（1）使用柔性外壳或薄膜代替传统结构。

比如：使用膨胀的（薄膜）结构作为冬天里网球场上空的遮盖；充气儿童城堡。

（2）用柔性外壳或薄膜把对象和外部环境隔开。

比如：在贮水池上漂浮一层双极材料（一面亲水，一面厌水）来限制水的蒸发作用。

【例 8-10】雨天也能工作。

在一个码头上，一艘轮船正在装货。突然，大雨不期而至，当吊车将货物送入舱口，舱门被打开时，雨水也淋进了货舱。

"这是什么鬼天气！"船上的一位搬运工说，"我快成落汤鸡了。"

"有什么办法呢？"另一位说，"货物要吊装下来，舱门不能关上，也不能盖顶棚来遮雨。"

这是一个难题。

....

突然，TRIZ 先生出现了。

"这需要一个非常特别的顶棚，"他说，"可以阻止雨水进入货舱，又不妨碍货物的进入，这样来做……"

于是，一个基于柔性外壳或薄膜原理的解决方案产生了。

做两扇充气门，当运送货物时，可以将气袋推向两边顺利进入。没有货物时，两个气袋对合形成门扇，可以遮雨。

11. 掌握多孔材料原理

多孔材料（porous materials）原理体现在以下两个方面：

（1）使物体多孔或添加多孔元素（如插入、涂层等）。

比如：机翼用泡沫金属；在一个结构上钻孔以减轻重量。

(2) 如果一个物体已经是多孔的,则利用这些孔引入有用的物质或功能。

比如:用多孔的金属网吸走接缝处多余的焊料。

【例 8-11】椰炭运动服。

椰炭纤维是一种环保纤维,它是将椰子外壳的纤维质加热到 1200℃,生成活性炭,再与聚酯混合并添加其他化学物质制成椰炭母粒,并以聚酯为载体稀释,制成椰炭长纤及短纤。

由于椰炭纤维中含有椰炭颗粒,在制成服装后仍保持活性,对人体具有活化细胞、净化血液、消除疲劳、改善过敏体质等保健作用;异型三叶结构使椰炭纤维具有极强的吸附能力,最终产品对人体异味、油烟味、甲苯、氨等化学气体有吸收、消臭作用;椰炭纤维的远红外线释放率高达 90%以上,能促进血液循环及改善人体环境;纤维中的椰炭形成一种多孔渗水的表面,能快速大量吸收湿气,迅速扩散和挥发,达到干爽透气的效果,给人一种温馨舒适的感觉。

任务 3 掌握与时间相关的发明原理

任务描述

与时间相关的发明原理主要是指通过时间的提前、滞后或周期性变化,达到创新的目的。

任务分解

本任务可以分为 9 个子任务:

子任务 1:掌握预先反作用原理;

子任务 2:掌握预先作用原理;

子任务 3:掌握预先应急措施原理;

子任务 4:掌握动态特性原理;

子任务 5:掌握机械振动原理;

子任务 6:掌握周期性动作原理;

子任务 7:掌握有效作用的连续性原理;

子任务 8:掌握快速通过原理;

子任务 9:掌握抛弃或再生原理。

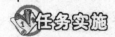 任务实施

1. 掌握预先反作用原理

预先反作用（prior counteraction）原理体现在以下两个方面：
（1）预先施加反作用。
比如：在溶液中加入缓冲剂来防止高 pH 值带来的危害。
（2）如果物体将处于受拉伸工作状态，则预先施加压力。
比如：在浇注混凝土之前对钢筋进行预压处理。

【例 8-12】让暴风雨来得更猛烈些。

在靠近岸边约 5 千米的海上，一只挖泥船正在为航道进行清理工作，挖出的混着海水的泥巴通过一条管道被抽送到岸上，为保证管道浮在水面，管道上捆绑着一长溜的浮桶。
"天气预报说一场暴风雨即将来临！"船长说，"我们要立即停止工作，将管道拆开并带回岸上。暴风雨过后再带回来安装。大家行动要快，必须在暴风雨来临之前完成。"
"没有别的办法，"船员们说，"如果暴风雨将管道破坏，情况会更糟，赶快拆卸。"
…………
突然，TRIZ 先生出现了。
"不用拆卸管道，"他说，"不管什么样的暴风雨，我们都可以继续工作。"
于是，一个基于预先反作用原理的解决方案产生了。
管道不必浮于水面，可以沉入海水中。暴风雨的影响被消除了。

2. 掌握预先作用原理

预先作用（prior action）原理体现在以下两个方面：
（1）事先完成部分或全部的动作或功能。
比如：不干胶纸；卷状食品保鲜袋，事先在两个保鲜袋间切口，但保留部分相连，使用时可以轻易拉断相连的部分；等等。
（2）在方便的位置预先安置物体，使其在第一时间发挥作用，避免时间的浪费。
比如：停车位的咪表；柔性制造单元；等等。

【例 8-13】请你做侦探。

一家粮油公司用油罐车来运装购买的食用油，每罐可装 3 000 升。但老板发现每次卸出的油都短缺 30 升，经过核准流量仪，检查封条和所有可能漏油的部位后，没有找到短缺的原因。
没办法，只有请老侦探来调查这个问题，老侦探进行了暗地跟踪，发现油罐车在运送途中没有停过车，但依然短缺了 30 升，连老侦探也百思不得其解。
…………

突然，TRIZ 先生出现了。

"我们只要思考一下，"他说，"就知道是司机偷了油。"

接着，他解释了这个基于预先作用原理的问题答案。

原来司机事先在油罐内挂了一只桶，当油罐中注满食用油时，桶中就盛满了食用油。但是卸油后，桶中的油却保存了下来。司机随后伺机取出这一桶油。

3. 掌握预先应急措施原理

预先应急措施（cushion in advance）原理：针对物体相对较低的可靠性，预先准备好相应的应急措施。

比如：降落伞、消防设施。

【例 8-14】危险的冰柱。

北方的冬天，房子上的排水槽和排水管里会形成坚硬的冰柱，有的长达数米。当春天到来的时候，排水管受到太阳的照射，吸收的热量会首先融化冰柱的外表。当融化到一定程度时，冰柱会在重力的作用下从排水管中滑落，撞破排水管的弯头，有时冰柱碎块会从排水管中飞出，扎伤经过的行人。

如何消除这个危险成为人们面临的一道难题。

……………

突然，TRIZ 先生出现了。

"这个问题需要我们预先做些应急的事情。"他说。

于是一个基于预先应急措施原理的解决方案产生了。在冬天来临之前，在排水管里穿进一根绳子，冰柱中的绳子可有效防止冰柱滑落，保证其渐渐地消融。

4. 掌握动态特性原理

动态特性（dynamicity）原理体现在以下 3 个方面：

（1）使物体或其环境自动调节，以使其每个动作阶段的性能达到最佳。

比如：汽车的可调节式方向盘（或可调节式座位、后视镜等）。

（2）把物体分成几个部分，各部分之间可相对改变位置。

比如：折叠椅、笔记本电脑等。

（3）将不动的物体改变为可动的，或让其具有自适应性。

比如：用来检查发动机的柔性的内孔窥视仪；医疗检查中用到的柔性状结肠镜；等等。

【例 8-15】神奇的不倒翁。

玩具公司的总裁召集工程师们开会。

总裁问："我们能不能在不倒翁的基础上发明一种新的玩具？"

大家说不倒翁很早就被发明出来了,还能挖掘出什么新意呢?

"这种玩具太简单了,"一位年轻的工程师说,"没什么可增加或减少的。"

总裁说:"新专利645661号颁发给了发明家柴兹塞夫的一款新型不倒翁。"

工程师们围过来看这款新玩具,发现它与传统的不倒翁不同的是内部安装了滑槽,重物可以沿着滑槽滑动,所以,这个新的不倒翁可以倒立和平躺。

"哦,这是动态特性原理。"总工程师评论道,"重物原来是固定的,现在可移动了。"

"让我们依据动态特性原理,发明一个更动态的不倒翁吧!"总裁说。

于是,一个基于动态特性原理的新方案产生了。

将重物分成两部分,而且都可以滑动,这样,重心会不断移动和变化,不倒翁的晃动频率也会不断地变化,显得更有趣。

5. 掌握机械振动原理

机械振动(mechanical vibration)原理体现在以下5个方面:

(1)让物体处于振动状态。

比如:电动剃须刀。

(2)对有振动的物体,增加振动的频率。

比如:振动送料器。

(3)使用物体的共振频率。

比如:用超声波共振来粉碎胆结石或肾结石。

(4)用压电振动器代替机械振动器。

比如:石英晶体振动驱动高精度的钟表。

(5)使用超声波和电磁场振动耦合。

比如:在高频炉里混合合金,使混合均匀。

【例8-16】聪明的测量仪。

化工厂车间里,一种强腐蚀性的液体装在一个巨大的容器中,生产时,让液体从容器流向反应器,但进入反应器的液体量需要进行精确的控制。

"我们尝试使用了各种玻璃或金属制作的仪表,"车间主任对厂长说,"但它们很快就被液体给腐蚀了。"

"如果不测量流量,只测量液体高度的变化怎么样?"厂长问。

"容器很大,高度变化很微小,"车间主任说,"我们无法得到准确的结果,而且容器接近天花板,操作上很不方便。"

这似乎是一个难以解决的问题。

....

突然,TRIZ先生出现了。

"我们需要一台聪明的测量仪,"他说,"不是测量液体,而是测量空隙。"

于是,一个基于机械振动原理的解决方案产生了。

利用机械振动的原理，测量容器中液面以上的空气部分的共振频率，得到空气部分的变化量，从而准确推算出液面的细微变化量。

6. 掌握周期性动作原理

周期性动作（periodic action）原理体现在以下 3 个方面：
（1）用周期性动作或脉动代替连续的动作。
比如：松开生锈的螺母时，用间歇性猛力比持续拧力有效。
（2）如果行动已经是周期性的，则改变其频率。
比如：用频率调制来传送信息，而不用摩斯编码。
（3）利用脉动之间的间隙来执行另一个动作。
比如：在心肺呼吸中，每 5 次胸腔压缩后进行呼吸。

【例 8-17】两根绳子。

在一个空房间里，有一个布娃娃放在窗台上，两根细绳从天花板上垂直下来。你的任务是将两根绳子的下端绑在一起。

但是，如果你拿着一根绳子却够不到另一根绳子，旁边没有人，所以不会得到帮助。自然的想法是让绳子动起来。但是绳子又轻又软，根本就动不起来。

怎么办？

············

突然，TRIZ 先生出现了。

"看到窗台上的那个布娃娃了吗？"他说，"用它来解决这个难题。"

于是，一个基于周期性动作原理的解决方案产生了。

将布娃娃绑在绳子的下端，然后让绳子在布娃娃的重力作用下形成周期性的摆动，问题就迎刃而解了。

7. 掌握有效作用的连续性原理

有效作用的连续性（continuity of useful action）原理体现在以下两个方面：
（1）持续采取行动，使对象的所有部分都一直处于满负荷工作状态。
比如：在工厂里，使处于瓶颈地位的工序持续地运行，达到最好的生产步调。
（2）消除空闲的、间歇的行动和工作。
比如：打印头在回程过程中也进行打印。

【例 8-18】穿山甲。

《先驱者真理》杂志上刊登了一个问题：在地底下可以随意穿行的车子应该是什么样子的？

杂志社收到了很多解答。

用一台拖拉机，前面装上铲子，把土挖开形成通道。

带翅膀的车子。

....

所有的设想都基于挖掘原理,将土从车前移到车后,而车后的土需要运输处理掉才可以形成通道。车子要达到在地底下行动自如的目标,看来不大可能实现。

....

突然,TRIZ 先生出现了。

"这是有一定的难度,"他说,"不过是可以实现的,让我们看看穿山甲是怎么工作的。"

穿山甲打洞的原理是:用头一点点地将土拍到隧道壁上,不断重复这种连续有效的动作,最后"挤"出一条隧道。

基于穿山甲有效作用的连续性原理的"人造穿山甲"专利在苏联诞生——一种前边带有尖锥形的切土器的机器,不仅能将土切下来,而且能将土挤拍到隧道壁上去。

8. 掌握快速通过原理

快速通过(rushing through)原理:快速地执行一个危险或有害的作业。

比如:牙医使用高速电钻,避免烫伤口腔组织;快速切割塑料,在材料内部的热量传播之前完成,避免变形。

【例 8-19】"磁速"网球拍。

菲舍尔公司推出的"磁速"网球拍不但不会限制你正手击球,反而能击中最有效的击球点,你将会体验到其中的不同。在正常击球时,球拍的结构在恢复前会稍微变形。然而,一旦拥有"磁速"网球拍,安装在拍头两侧的两个单极磁铁有助于加快球拍恢复的速度,这样,球就有了更大的力量弹回到球网的方向。德国网球选手格罗恩菲尔德和其他著名选手都选择使用这种球拍进行比赛。

磁铁就是让球拍瞬间恢复原位的"快速通过"。

9. 掌握抛弃或再生原理

抛弃或再生(rejecting or regenerating parts)原理体现在以下两个方面:

(1)抛弃或再生物体中已经完成其功能和无用的部分(通过溶解、蒸发等手段)。

比如:在药品中使用消融性胶囊;火箭飞行中的分离抛弃。

(2)在过程中迅速补充物体所消耗和减少的部分。

比如:自动铅笔;自动磨快割草机的刀片。

【例 8-20】成品油运输的困境。

一家石油化工厂,需要经常使用同一条管道长距离轮换输送不同种类的成品油。为避免不同液体混合到一起,需要在转换输送液体时,在两种液体间加一个分隔器,将液体分隔开来。常用的分隔器是一个活塞状的橡胶球。

"这种分隔器经常不能保证效果,"经理说,"因为管道中液体处于高压状态,液体会渗透分隔器而产生混合。"

"而且，因为我们的管道每 200 千米就有一个泵站，分隔器不能通过泵站，需要取出来，再放到下一段管道。"经理介绍道，"我们需要一种分隔器，既能通过泵站又能避免不同液体产生混合。"

这似乎是一个无法解决的难题。

············

突然，TRIZ 先生出现了。

"我们需要这样的分隔器，"他说，"既分隔又不能存在，可以这样来考虑……"

于是，一个基于抛弃原理的解决方案产生了。

用氨水做分隔器，可以与油一样通过泵站。在到达目的地后，氨水会变成气体挥发掉，对成品油没有产生危害。氨水完成自己的分割使命后被抛弃。

任务 4 掌握与效应相关的发明原理

任务描述

与效应相关的发明原理主要是指利用各种物理或化学效应，达到创新的目的。

任务分解

本任务可以分为 8 个子任务：
子任务 1：掌握机械系统替代原理；
子任务 2：掌握同质性原理；
子任务 3：掌握物理/化学状态变化原理；
子任务 4：掌握相变原理；
子任务 5：掌握热膨胀原理；
子任务 6：掌握加速氧化原理；
子任务 7：掌握惰性环境原理；
子任务 8：掌握复合材料原理。

任务实施

1. 掌握机械系统替代原理

机械系统替代（replacement of mechanical system）原理体现在以下 4 个方面：
（1）用感官刺激的方法代替机械手段。
比如：用声学"栅栏"（动物可听见的声学信号）代替真正现实中的栅栏，来限制狗或猫的行动；在天然气中加入气味难闻的混合物，警告用户发生了泄露，而不采用机械或电器类的传感器。

（2）采用与物体相互作用的电、磁或电磁场。

比如：为了混合两种粉末，用产生静电的方法使一种产生正电荷，另一种产生负电荷，可以用电场驱动它们，或者先用机械方法把它们混合起来，然后使它们获得电场，让粉末颗粒成对地结合起来。

（3）场的替代：从恒定场到可变场，从固定场到随时间变化的场，从随机场到有组织的场。

比如：早期通信中采用全方位的发射，现在使用有特定发射方式的天线。

（4）将场和铁磁离子组合使用。

比如：铁磁催化剂，呈现顺磁状态。

【例 8-21】敲钟。

在瓷器的二次烧制工序之间，要进行检验，俗称"敲钟"，根据检验结果来确定第 2 次烧制的温度。"敲钟"的工序是这样进行的：检验员用一只特制的小锤轻轻敲击瓷器，然后根据声音判断烧制的程度。

由于这个工序对检验员的技能要求很高，而且这种人工判断的方式波动很大，公司决定使用机器人来代替检验员的工作。

于是，工程师们设计制造了有两只手的机器人，一只手拿瓷器，另一只手拿小锤。敲击的声音通过麦克风来接收，然后传送到声音分析仪进行分析判断。

机器人安装到生产线上后，很快又被搬走，恢复到原来人工检验的状态。原因是，机器人检验中，手臂移动得快会敲碎瓷器，缓慢移动将远远低于人工检验的速度。

工程师们非常失望，一个良好的愿望眼看就要失败了。

....

突然，TRIZ 先生出现了。

"我们的机器人还是在用机械方式进行检测，显然需要再次进化。"他说。

于是，一个基于机械系统替代原理的解决方案产生了。

在陶瓷电阻生产的过程测试中，采用的是光测试，从电阻上反射的光强度取决于烧制的程度。所以，瓷器的检验也可以使用光测试来进行。

2. 掌握同质性原理

同质性（homogeneity）原理：将物体或与其相互作用的其他物体用同一种材料或特性相近的材料制作。

比如：使用与容纳物相同的材料来制造容器，以减少发生化学反应的机会；用金刚石制造钻石的切割工具。

【例8-22】水果文身。

一些产品包装员和分发员正在体验一种新的贴标签的方式——利用一种自然光标签,就是用激光在水果和蔬菜表皮刻上识别信息(比如产地、种类等),但不会擦伤或造成其他的伤害。用梨子进行味道实验,除了刻标签的地方看上去有点怪怪的外,吃起来并没有什么两样。这种新的贴标签的方式可以让供货商给每一个水果标注更具体的信息,比如,一个桃子什么时候成熟,什么时候可以食用。

这样,通过使用同质性原理,就避免了使用额外的标签。

3. 掌握物理/化学状态变化原理

物理/化学状态变化(transform the physical/chemical state)原理:改变物体的物理/化学状态、浓度/密度、柔性、温度。

比如:在制作夹心糖果的过程中,先将液态的夹心冰冻,然后浸入溶化的巧克力中,这样可以避免处理杂乱、胶黏的热液体;将氧气、氮气或石油气从气态转换为液态,以减小体积;液体肥皂是浓缩的,而且从使用的角度看比固体肥皂更有黏性,更容易分配合适的用量,多人使用时也更加卫生;用可调节的消音器来降低货物装入集装箱时的噪声,主要是限制集装箱壁的振动;使橡胶硫化(硬化)来改变其柔韧性和耐久性;通过升高温度来加工食物(改变食物的味道、组织、化学性质等);降低医学标本的温度来保存它们,以用于今后的研究。

【例8-23】自动消失。

铸造厂里,铸件表面需要清洁,常用的方法是吹砂机,用高速运动的沙子将铸件表面的污层冲掉。

但是,这个工序带来的一个问题是,铸件的缝隙里会残留沙子而且不易清除干净,尤其是又大又重的产品,解决起来更是困难。

工程师们被要求来解决这个难题。

"也可以先将缝隙盖上,"一位工程师说,"但会增加大量的工作。"

"而且,铸件的清洁程度会受到影响。"另一位工程师附和道。

这似乎是一个不易解决的难题。

…………

突然,TRIZ先生出现了。

"沙子可以自己从缝隙里出来,"他说,"我们需要另一种沙子。"

于是,一个基于物理状态变化的解决方案产生了。

用冰粒来替代沙子。

冰粒也被用在批量土豆、红薯的清洁工序中。

4. 掌握相变原理

相变（phase transformation）原理：利用物体相变转换时发生的某种效应或现象（例如，热量的吸收或释放引起物体体积的变化）。

比如：与其他大多数液体不同，水在冰冻后会膨胀，可以用于爆破。

热力泵就是在一个封闭的热力学循环中，利用蒸发和冷凝的热量来做有用功的。

【例 8-24】固体水。

波兰作家史蒂芬·万菲各在 1964 年发表的幻想小说《疯子》中，描述了精神病人安里·格里乔的故事。

安里·格里乔想发明在 200℃高温下都不融化的固体水，而且获得了成功。他发明了一种白色粉末状的固体，在高温下可变成清澈的水。格里乔说："固体水的发明可以让人们在水资源缺乏的地区生活。固体水不需要器皿，可以方便地以各种方式运送到任何地方。"

小说归小说，但科技的发展却是真真切切的。

1967 年，固体水果真被发明出来了。这种包含 90%水和 10%硅酸的固体水，确实呈现为白色粉末状。

相变原理的应用，可以让很多问题得到巧妙解决。

5. 掌握热膨胀原理

热膨胀（thermal expansion）原理体现在以下两个方面：

（1）利用热膨胀或热收缩的材料。

比如：过盈配合装配中，冷却内部件使之收缩，加热外部件使之膨胀，装配完成后恢复到常温，内、外部件就实现了紧配合装配。

（2）组合使用多种具有不同热膨胀系数的材料。

比如：双金属片传感器，使用两种不同膨胀系数的金属材料并连接在一起，当温度变化时双金属片会发生弯曲。

【例 8-25】超精确阀门。

化学家邀请了一位发明家来帮助解决一个难题。

"在我们的一个实验中，需要精确控制气流的流量，可现有的阀门均不能满足控制的要求。"化学家苦恼地说。

"当然了，"发明家说，"现有的阀门根本无法达到你那么苛刻的要求。"

"但是，试验中对气体的控制要求又不能降低。"

这是一个难以解决的问题。

....

突然，TRIZ 先生出现了。

"只要稍微动动脑筋，"他说，"结合高中物理课程中的知识，这个问题很容易解决。"

于是，一个基于热膨胀原理的解决方案产生了。

采用晶体结构的材料来做阀门的阀门体，利用热膨胀原理来实现精确的流量控制。这就是现在已经普遍使用的超精确阀门。

6. 掌握加速氧化原理

加速氧化（strengthen oxidation）原理体现在以下 4 个方面：

（1）使用富氧空气代替普通空气。

比如：在水下呼吸器中存储浓缩空气，以保持长久呼吸。

（2）使用纯氧代替富氧空气。

比如：用氧气-乙炔火焰做高温切割；用高压氧气处理伤口，既杀灭厌氧细胞，又帮助伤口愈合。

（3）使用电离射线处理空气或氧气，使用电离子化的氧气。

比如：空气过滤器通过电离空气来捕获污染物。

（4）用臭氧代替离子化的空气。

比如：臭氧溶于水中，可去除船体上的有机污染物。

【例 8-26】矿渣吊桶的盖子。

矿石熔炼后的矿渣，在 1000℃时被倒进大吊桶，作为极好的原料通过铁道运送到工厂，加工成建筑材料。但在运送过程中，吊桶内的矿渣会冷凝，在表面和桶壁附近会形成坚硬的壳，需要费九牛二虎之力才可以破壳，倒出大半液态矿渣进行使用。而另外的少部分凝固的矿渣要想倒掉都不容易，需要大量的人力来清除吊桶内的残留硬壳，这对人力和资源是一种巨大的浪费。

最后，这个问题交给专家委员会来解决。

"应该设计绝热良好的吊桶。"一位专家说道。

"我们已经这样试过了，但没有成功。"生产线的一位成员反对说，"绝热层会占去很大的空间，吊桶将很宽大并超出铁路的宽度极限，因此不能接受。"

"给吊桶加一个盖子怎么样？"专家接着说，"为什么不能用绝缘体做一个盖子呢？主要的热量是从高温的液体矿渣表面损失的。"

"我们也尝试过这种办法，"生产线的成员叹息说，"这吊桶如此大，可以想象一下盖子有多大，盖子得启用吊车来盖上或取下。增加的工作量巨大呀！"

"我们需要寻求不同的方法处理这个问题。"第 2 位专家说，"让我们重新构思整个过程以便不需要将矿渣运送那么远。"

"我不这样想，"另一位专家反对说，"我们应从不同的角度思考，以更快的速度输送矿渣。"

这似乎是一个难以解决的问题。

……………

突然，TRIZ 先生出现了。

"这个问题可以这样构思……"

于是，一个基于加速氧化原理的方案产生了。

苏联发明家美克尔·夏洛波夫解决了这个问题，并马上被很多冶金厂应用。解决方案是：给吊桶中的灼热矿渣泼上冷水，矿渣和冷水急速氧化反应后会形成一层矿渣泡沫，泡沫有很好的保温作用，能将矿渣和空气隔绝，相当于在矿渣表面加上了一个厚厚的"盖子"。这个"盖子"又不会妨碍矿渣倒出吊桶。

7. 掌握惰性环境原理

惰性环境（inert environment）原理体现在以下两个方面：
（1）用惰性气体环境代替通常环境。
比如：用氩气等惰性气体填充灯泡，防止发热的金属灯丝氧化。
（2）在真空中完成过程。
比如：在粉末状的清洁剂中添加惰性成分，以增加其体积，这样更易于用传统的工具来测量；真空包装；等等。

【例 8-27】霜冻提前来临。

气象局通知，今年的霜冻将会提前到来。

"这将是一场灾难。"农场主沮丧地说，"我们的大片种子地怎么办呢？这些种子还未长大，仍然需要温暖的天气。"

"这片地太大了，我们没有薄膜进行覆盖，这种种子又不能经受火烤，不能点火加温。真是急死人了！"大家如同热锅上的蚂蚁，急得团团转。

…………

突然，TRIZ 先生出现了。

"我们需要对种子进行保温是吧？"他说，"请来消防队，我有一个主意。"

于是一个基于惰性环境的解决方案产生了。

让消防队给田地喷上一层惰性气体的泡沫，作为被子进行保温。

8. 掌握复合材料原理

复合材料（composite materials）原理即将单一材料转化成复合材料。

比如：复合的环氧树脂/碳素纤维高尔夫球杆更轻，强度更好，而且比金属更具有柔韧性；玻璃纤维制成的冲浪板更轻、更容易控制，而且与木制的相比更容易做成各种不同的形状。

【例 8-28】饮用水净化器。

一杯咖啡的价格（3 美元）就可以拯救一条生命。生命吸管是一种获取饮用水的吸管装置,由瑞士维斯特格德·弗兰德森公司研制,它使用了7种过滤器,包括网丝、活性炭和碘。它能预防饮用水引发的疾病,如伤寒和痢疾,在发展中国家,这些疾病每年至少夺去200万人的生命。该装置也能为飓风、地震或其他灾难的受害者提供安全的饮用水。它还可以成为人们周末外出旅游随身携带的方便的"武器"。

生命吸管里所使用的过滤器就是一种复合材料。

任务5 掌握与能量相关的发明原理

任务描述

与能量相关的发明原理主要是指通过能量平衡和能量的转换,达到创新的目的。

任务分解

本任务可以分为两个子任务:
子任务1:掌握重量补偿原理;
子任务2:掌握等势原理。

任务实施

1. 掌握重量补偿原理

重量补偿(anti-weight)原理体现在以下两个方面:
(1)将一个物体与另一个能产生提升力的物体组合,来补偿其重量。
比如:在一捆原木中加入泡沫材料,使之更好地漂浮;用气球悬挂广告条幅。
(2)通过与环境(利用气体、液态的动力或浮力等)的相互作用实现物体重量的补偿。
比如:飞机机翼的形状可以减小机翼上面空气的密度,增加机翼下面空气的密度,从而产生升力;水翼可使船只整个或部分浮出水面,减小阻力。

【例8-29】飞机紧急降落之后。

一架巨型运输机在起飞后出现了故障,紧急迫降在距离飞机场200千米外的空地上。经过检查,发现飞机机体上出现了许多裂缝和损坏,必须将飞机送往工厂进行维修。

这架运输机非常重,如何运送成了问题。

专家们聚在一起,商讨如何将这个庞然大物运走。

"地上没有跑道,只有将飞机用吊车吊起来运走。"一位年轻的工程师说。

"年轻人,"一位专家沮丧地说,"哪里有这么大的吊车?而且我们也没那么大的车子将飞机运走!"

问题处于僵持之中而不能解决。

....

突然，TRIZ 先生出现了。

"我们确实需要将飞机吊起，"他说，"而且用车子运走。"

于是，一个基于重量补偿原理的解决方案产生了。

将气袋固定在飞机翅膀下，然后充气，气袋所产生的浮力可以抬起飞机，然后将平板拖车开到飞机下面，拖走飞机。

2. 掌握等势原理

等势（equipotentiality）原理：在势能场中，避免物体位置的改变。

比如：在电子线路设计中，避免电势差大的线路相邻；在两个不同高度水域之间的运河上的水闸；等等。

【例 8-30】古塔是否在下沉。

城市的中心广场有一座古塔，似乎在逐渐下沉。名胜古迹保护委员会前来测量研究这个古塔的下沉问题。测量的第一步是要选择一个高度不变的水平基准，并且在塔上可以看到这个基准，以便进行比较测量。

很可能广场周围建筑也在一起下沉，所以需要寻找一个远离古塔而且高度不变的基准，最后他们选择了离古塔 450 米以外的一个公园的墙壁，但古塔和公园的墙壁之间被高层建筑物遮挡住了，无法直接进行测量。

"非常复杂的情况，"测量员沉思后说，"看来我们得求助于其他的专家。"

....

突然，TRIZ 先生出现了。

"不必麻烦专家，"他说，"看一下初中物理书就可以找到此问题的解决办法。"

于是，一个基于等势原则的方案产生了。

取两根玻璃管，一根安装在塔上，一根安装在公园的墙壁上，用胶管将其连接起来，然后灌入液体，组成一个水平仪。两根玻璃管中的液体应保持同样的高度，我们在玻璃管上标出这个高度。如果古塔下沉，则塔上玻璃管内的液体就会升高。

任务 6　掌握与动作相关的发明原理

任务描述

与动作相关的发明原理主要是指通过利用物体的各种动作，达到创新的目的。

任务分解

本任务可以分为 5 个子任务：

子任务 1：掌握抽取原理；

子任务 2：掌握反向作用原理；

子任务 3：掌握不足或超额行动原理；

子任务 4：掌握反馈原理；

子任务 5：掌握自服务原理。

任务实施

1. 掌握抽取原理

抽取（extraction）原理体现在以下两个方面：

（1）将物体中"负面"的部分或特性抽取出来。

比如：由于压缩机用于压缩空气，所以将嘈杂的压缩机放在室外。

（2）只从物体中抽取必要的部分或特性。

比如：用狗叫声作为报警器的报警声，而不用养一条真正的狗。

【例 8-31】三个火枪手。

大仲马在小说《三个火枪手》中，描述了普托斯是如何在裁缝店定制新装的。

普托斯不允许裁缝接触他的身体，裁缝无法量体，僵持之中，剧作家莫里哀来到了裁缝店。

莫里哀将普托斯带到镜子前，然后让裁缝对着镜子里的普托斯进行测量，一个两难的问题得到了解决。

这里，莫里哀使用的就是抽取原理，有效地化解了普托斯和裁缝之间的矛盾。

2. 掌握反向作用原理

反向作用（inversion）原理体现在以下 3 个方面：

（1）颠倒过去解决问题的办法。

比如：为了松开粘连在一起的部件，不是加热外部件，而是冷却内部件。

（2）使物体的活动部分变为固定的，让固定的部分变为活动的。

比如：旋转部件而不是旋转工具；健身跑步机；等等。

（3）翻转物体（或过程）。

比如：通过翻转容器以倒出谷物；将杯子倒置，以便从下面喷水清洗。

【例8-32】巧克力的窍门。

这一天是一个漂亮女孩的生日,有一位客人带来了一大盒巧克力糖,这是一种酒瓶形的果汁巧克力糖,巧克力的中心是液态的果汁,大家都非常喜欢。吃巧克力时,有位客人好奇地问:"我很纳闷这种果汁巧克力的果汁是怎么装进去的。"

"先做好巧克力,然后往里面灌果汁,再封口。"另一位客人猜测道。

"果汁必须非常稠,要不然会影响巧克力成型,"第三位客人说,"但是果汁不容易灌进巧克力中。通过加热可以让果汁稀一些以便灌入,但会熔化巧克力。"

…………

突然,TRIZ先生出现了。

于是一个基于反向作用的解决方案产生了。

先将果汁降温,降到冰冻状态,将一颗颗冰冻的果汁颗粒放入巧克力中,然后进行成型,随后冰冻的果汁会在常温下恢复液体,果汁巧克力就完成了。

3. 掌握不足或超额行动原理

不足或超额行动(partial or excessive actions)原理:如果用现有的方法很难完成对象的100%,可用同样的方法完成"稍少"或"稍多"一点,问题可能变得相对容易解决。

比如,大型船只在制船厂的制造,往往先不安装船体上部的结构,以避免船只从船厂驶往港口的过程中受制于途中的桥梁高度,待船只达到港口后再安装上部的结构;油印印刷时,滚筒涂布全表面的印油,印刷到纸张上的是需要的字体部分,其他的印油被蜡纸所阻挡;在表面贴装技术的锡膏印刷工艺中,锡膏印刷机的刮刀涂布是全面积的锡膏,而印刷到电路板上的只是钢网开孔对应的焊盘,其他部分被钢网阻挡。

【例8-33】大直径钢管的切割。

现在要生产一种直径为1米、长度为12米的钢管。原材料为带状卷料,在钢管弯卷焊接设备上进行加工,此设备以连续的2米/秒的速度输出焊接完成的钢管,所以,需要每6秒完成一次切割。因为切割设备的电锯需要一定的时间才可以完成切割,而钢管在连续向前输出,所以切割设备需要与钢管同步前进,边前进边切割,切割完成后还需要快速返回到原来的位置,以开始对下一段钢管的切割,切割和返回的动作需要在6秒之内完成。

现在的问题是,切割设备的功率选择和移动速度产生了矛盾,大功率的设备切割速度快但比较笨重、移动起来缓慢,小功率的设备比较轻巧,可快速移动但切割时间会比较长。

工程部被要求来解决这个问题,工程师们陷入了激烈的争论,最后一个折中方案似乎占据了上风,那就是降低钢管弯卷焊接设备的输出速度。

"难道我们非得降低焊接设备的钢管输出速度吗?"总工程师说,"如果将输出速度降低到1米/秒,我们的生产率将降低一半,根本无法按时交货。"

…………

突然,TRIZ先生出现了。

"我们根本不必降低输出速度,切割工作可以预先来做一部分。"

于是,一个基于不足或超额行动的解决方案产生了。

可以事先将带状原材料钢管进行切割,但是不能完全切断,要保留部分连接以保证弯卷焊接过程中的足够连接强度,这样,在后续切割中,只切断那部分保留的部位就可以了。

最后,以一个振动来实现钢管的切割,生产效率可以得到大幅提升。

4. 掌握反馈原理

反馈(feedback)原理体现在以下两个方面:
(1)通过引入反馈来改善性能。
比如:音乐喷泉;系统过程控制中,用测量值来决定什么时候对系统进行修正。
(2)如果已经引入了反馈,则改变其大小和作用。
比如:在机场 8 千米范围内,改变自动驾驶仪的灵敏度。

【例 8-34】聪明绳索。

任何一名消防队员或者攀岩者都可以告诉你,一条简单的绳子可以救你的命,条件是它不要被磨损或突然断裂。如今科学家研制出了"聪明绳索",这种智能绳索里面有电子传导金属纤维,可以判断它所承受的重量,如果重量太大,它无法承受,绳索就会向使用者发出警告。智能绳索还可以用于停泊船只、保护贵重物品或者用于营救行动。

聪明的绳索就是在普通绳索上增加了反馈,从而提高了安全性。

5. 掌握自服务原理

自服务(self-service)原理体现在以下两个方面:
(1)使物体具有自补充和自恢复功能以完成自服务。
比如:饮水机。
(2)利用废弃的资源、能量或物资。
比如:将麦秸或玉米秆等直接填埋做下一季庄稼的肥料。

【例 8-35】钢珠输送管道的难题。

在一个输送钢珠的管道中,拐弯部位在工作一两个小时后就会坏掉。根本原因是钢珠在高速气体的驱动下,对弯曲部位的管壁进行连续撞击,很快就会撞出一个洞来。

管道损坏后必须停止输送来进行维修,这就影响了生产效率。

"看来还需要一条管道,"工程师说,"当需要维修时,启动另一条管道来输送钢珠。"

"两条管道会增加成本,"经理说,"而且更替管道时仍然会影响生产效率。"

这似乎是一个难以解决的问题。

…………

突然,TRIZ 先生出现了。

"总是修补管道不是个办法,"他说,"我有一个主意,可以保证管道永远工作而不必修补。"

于是,一个基于自服务原理的解决方案产生了。

在拐弯部位的管道外,放置一块磁铁,当钢珠到达磁场范围内时,会被磁铁吸附到管道内壁上,从而形成保护层。钢珠的冲击力将作用在由钢珠形成的保护层上,并不断补充那些被冲掉的钢珠。这样,输送管道就被完全保护起来了。

任务7 掌握其他无法归类的发明原理

任务描述

有些原理无法归类,我们收集到任务7做简单的介绍。

任务分解

本任务可以分为5个子任务:
子任务1:掌握普遍性原理;
子任务2:掌握变害为利原理;
子任务3:掌握复制原理;
子任务4:掌握一次性用品原理;
子任务5:掌握改变颜色原理。

任务实施

1. 掌握普遍性原理

普遍性(universality)原理:使物体或物体的一部分实现多种功能,以代替其他部分的功能。

比如:内部装有牙膏的牙刷柄;将汽车上的小孩安全座位转变成小孩推车;小组领导人充当记录员和计时员。

【例8-36】一物二用。

渥伦哥尔船长(阿奇舒勒笔下的一位主人公,阿奇舒勒经常使用科幻小说的形式,进行TRIZ相关知识的讲解和传播)经常应用一物二用的方法来解决问题。

比如船上的压舱物,常规的是用水或沙子。但渥伦哥尔船长却使用土作为压舱物。在土中种上可以生长的棕榈树，棕榈树又用来作为船的桅杆。

这就是普遍性原理的应用。

2. 掌握变害为利原理

变害为利（convert a harm into a benefit）原理体现在以下3个方面：

（1）利用有害的因素（特别是对环境的有害影响）来取得积极效果。

比如：用废弃的热能来发电；废品的回收二次利用。

（2）"以毒攻毒"，用另一个有害作用来中和以消除物体所存在的有害作用。

比如：在腐蚀性的溶液中添加缓冲剂；在潜水中使用氦氧混合气，以消除空气或其他硝基混合物带来的氧中毒。

（3）加大有害因素的程度。

比如：用逆火烧掉一部分植物，形成隔离带，以防止森林大火的蔓延。

【例 8-37】渥伦哥尔船长的遭遇。

渥伦哥尔船长要从加拿大乘雪橇前往阿拉斯加，一个叫"倒霉蛋"的团伙给他买了一只"鹿"和一条"狗"，但他实际收到的不是鹿和狗，所谓的"鹿"实际是牛，"狗"实际是狼。

渥伦哥尔船长并没有被难住，他巧妙地利用牛和狼之间的有害作用，顺利完成了旅行任务。

渥伦哥尔船长将牛和狼一前一后套在雪橇上，受惊吓的牛拼命地拉着雪橇向前奔，狼想扑牛也拼命地拉着雪橇向前跑。

3. 掌握复制原理

复制（copying）原理体现在以下3个方面：

（1）使用更简单、更便宜的复制品代替难以获得的、昂贵的、复杂的、易碎的物体。

比如：虚拟驾驶游戏机；听录音带而不亲自参加研讨会。

（2）用光学复制品或图形来代替实物，可以按比例放大或缩小图形。

比如：用空间摄影技术进行调查，而不是实地进行；通过测量其照片来测量一个对象；利用声谱图来评估胎儿的健康状况，而不冒险采用直接测量的方法。

（3）如果可视的光学复制品已经被采用，可进一步扩展到红外线或紫外线复制品。

比如：用红外图像来检测热源，可以检测出农作物疾病或者安保系统中的入侵者。

【例 8-38】火车将在 5 分钟内开动。

货运列车上装满了大圆木，检查员们都正满头大汗地测量每根圆木的直径，以准确计算出圆木体积。

"看来得让火车推迟开出，"经理说，"今天我们无论如何都是测量不完的。"

"但是，火车必须在5分钟内开出，"站长说，"下一列火车正在等待着进站。"

如何解决这个问题？大家给出了很多建议，主要有以下几个方法。

"让更多的人来进行测量，三五百人总可以了吧！"

"通过测量其中一根圆木的直径，数出圆木总数，相乘后估算总的体积。"

"锯下每根圆木的一片，稍后进行测量。"

以上所有的解决办法，都会带来其他一些问题。

这个问题似乎难以解决。

…………

突然，TRIZ先生出现了。

"这个问题应该这样解决。"他说。

于是，一个基于复制原理的解决方案产生了。

对火车上的圆木进行拍照，然后依据照片进行详细的分析测量。当然，照片需要一个精确的参照比例尺。

4. 掌握一次性用品原理

一次性用品（disposable objects）原理：用廉价的物品代替一个昂贵的物品，在某些质量特性上做出妥协（例如使用寿命）。

比如：使用一次性的纸用品，避免由于清洁和储存耐用品而带来费用，例如，酒店里的塑料杯、一次性尿布、多种一次性的医疗用品。

【例8-39】秘密的上油方法。

将钢板加温来轧制钢管，轧制完成后，需要在冷却前给钢管内壁涂上一层均匀的润滑油。

这个涂油工作看起来似乎比较简单，但是实现起来却比较复杂。需要设计制造一台专用的可移动机器进入钢管内，完成涂油工作。由于是在管内壁作业，属于非平面涂油，所以涂油的速度比较慢，导致整个轧制生产的速度下降，影响生产效率。

为解决这个问题，专家们开始了研究，但无法得到理想答案。

这似乎是一个难以解决的问题。

…………

突然，TRIZ先生出现了。

TRIZ先生给出了一个基于一次性用品原理的解决方案。

制作一种上面涂好润滑油的纸带，直接贴到钢板上，纸会在高温下燃烧，剩下的只有润滑油。

这个纸带作为一次性用品，起到均匀分配润滑油的作用。

5. 掌握改变颜色原理

改变颜色（change the color）原理体现在以下 4 个方面：

（1）改变物体或周围环境的颜色。

比如：在冲洗照片的暗房中使用红色暗灯。

（2）改变难以观察的物体或过程的透明度或可视性。

比如：感光玻璃；在半导体的处理过程中，采用照相平版印刷术将透明材料改成实心遮光板，同时，在丝绢网印花处理中，将遮盖材料从透明改成不透明。

（3）采用有颜色的添加剂，使不易观察的物体或过程容易观察到。

比如：研究水流实验中，给水加入颜料。

（4）如果已经加入了颜色添加剂，则借助发光迹线追踪物质。

【例 8-40】降落伞的秘密。

降落伞工程师为研究降落伞的降落过程，制作了一个小降落伞模型，然后放入有水流动的透明玻璃管中，研究模型的降落轨迹和涡流的形成。

研究工作进行得不大顺利，因为透明水中的涡流很难用肉眼观察到。于是，工程师给模型涂上可溶颜料，情况暂时得到了改善，但是，模型经过几次试验以后，颜料没有了，于是需要停下测试再次涂上颜料，结果模型被颜料搞得变了形，测试条件发生了变化，测试结果的误差也增大了。

"颜料应该从模型内壁出来。"一位工程师说，"但是模型伞的吊线太细了，很难能让墨水通过。"

"世上还有在大米上作画的巧匠，我们也许需要那样的人来解决这个难题。"另一位工程师附和道。

"不可想象，完成这样的模型得花多长时间！"总工程师说道。

问题陷入了僵局。

…………

突然，TRIZ 先生出现了。

"就用现在的模型，不使用颜料，让模型自己在水中产生颜色，一层又一层，就像神话一样。"

"那不可能，"工程师说，"颜色从哪里来？"

"从水中，"TRIZ 先生说，"只有一个来源，当水和吊线接触时，就产生一种颜色，或者另一种像颜色的物质。"

这个降落伞的秘密就是，将降落伞做成一个电极，与玻璃管中的水形成电解作用，利用电解产生的气泡，来观察模型的运动和涡流的形成。

气泡来自水，增加了可观察性。看似改变了水的颜色，实际并没有改变水的真正颜色。

小 结

40个发明原理，有的明确，有的隐晦，有的易懂，有的难辨，实际上它们是系统为用户提供的利用这些发明原理的提示，用户还需要对这些发明原理进行咀嚼、吸收，然后进行另一个层次的"头脑风暴"，才会得到一个可行的解决方案。因此，TRIZ并非想象中的一种直接且唾手可得的创新产生系统。它的作用是协助用户拆解、思考问题，并指引出一个大略方向与想法，让用户不至于漫无头绪找不到目标。

习 题

选择题

1. 在大型项目中应用工作分解结构，是利用了40个发明原理中的（　　）。
   A．抽取　　　　B．分割　　　　C．复制　　　　D．预先应急措施

2. "用狗叫唤的声音，而不用真正的狗，来作为防夜贼的报警"是利用了40个发明原理中的（　　）。
   A．抽取　　　　B．反馈　　　　C．有效作用的连续性　　D．预先应急防措施

3. 以下（　　）不属于局部质量的内容。
   A．将对象或外部环境的同类结构转换成异类结构
   B．对象的不同部分实现不同的功能
   C．对象的每一部分应被放在最有利于其运行的条件下
   D．用非对称形式代替对称形式

4. "午餐饭盒中设置不同的间隔区来分别存放冷、热和液体食物"是利用了40个发明原理中的（　　）。
   A．抽取　　　　　　　　　　　B．物理/化学状态变化
   C．局部质量　　　　　　　　　D．预先应急措施

5. "并行处理计算机中的上千个微处理器"是利用了40个发明原理中的（　　）。
   A．合并　　　　B．中介物　　　C．自服务　　　D．有效作用的连续性

6. "俄罗斯套娃"是利用了40个发明原理中的（　　）。
   A．局部质量　　B．嵌套　　　　C．自服务　　　D．有效作用的连续性

7. "用氢气球悬挂起广告标志"是利用了40个发明原理中的（　　）。
   A．重量补偿　　B．嵌套　　　　C．预先作用　　D．局部质量

8. "将对象暴露在有害物质之前进行遮盖"是利用了40个发明原理中的（　　）。
   A．反馈　　　　B．变害为利　　C．自服务　　　D．预先应急措施

9. "工厂里的柔性制造单元"是利用了 40 个发明原理中的（　　）。
   A．局部质量　　　B．预先作用　　　C．重量补偿　　　D．有效作用的连续性
10. 跑步机是利用了 40 个发明原理中的（　　）。
    A．预先作用　　　B．曲面化　　　　C．等势原则　　　D．相反的方法
11. "用脉冲式的声音代替连续警报声"是利用了 40 个发明原理中的（　　）。
    A．同质性　　　　B．变害为利　　　C．周期性动作　　D．快速通过
12. "用托架把热盘子端到餐桌上"是利用了 40 个发明原理中的（　　）。
    A．中介物　　　　B．分割　　　　　C．预先应急措施　D．嵌套
13. "用钻石制造钻石的切割工具"是利用了 40 个发明原理中的（　　）。
    A．中介物　　　　B．同质性　　　　C．局部质量　　　D．复制
14. "用氩气来防止发热的金属灯丝退化"是利用了 40 个发明原理中的（　　）。
    A．中介物　　　　B．分割　　　　　C．嵌套　　　　　D．惰性环境
15. "降低医学标本的温度来保存它们，以利于今后的研究"是利用了 40 个发明原理中的（　　）。
    A．空间分离　　　　　　　　　　　B．物理/化学状态变化
    C．基于条件的分离　　　　　　　　D．系统级的分离
16. "在天然气中加入气味难闻的混合物，警告用户发生了泄漏，而不采用机械或电气类的传感器"是利用了 40 个发明原理中的（　　）。
    A．机械系统替代　　　　　　　　　B．物理/化学状态变化
    C．气压或液压结构　　　　　　　　D．中介物
17. "通过计算机虚拟现实，而不去进行昂贵的度假"是利用了 40 个发明原理中的（　　）。
    A．自服务　　　　B．普遍性　　　　C．同质性　　　　D．复制
18. "在药品中使用消融性的胶囊"是利用了 40 个发明原理中的（　　）。
    A．抛弃或再生　　　　　　　　　　B．物理/化学状态变化
    C．多孔材料　　　　　　　　　　　D．热膨胀
19. 备用降落伞是利用了 40 个发明原理中的（　　）。
    A．预先应急措施　　　　　　　　　B．一次性用品
    C．气压或液压结构　　　　　　　　D．中介物

项目 9 解决技术矛盾

【学习目标】

通过本项目的完成,读者将掌握如下知识和技能:
- 矛盾、技术矛盾的概念;
- 39 个通用技术参数的含义;
- 矛盾矩阵及应用步骤;
- 应用矛盾矩阵解决技术矛盾。

任务 1 理解技术矛盾

任务描述

技术矛盾是我们最常见的矛盾,对技术矛盾的认识以及如何解决技术矛盾,是现代 TRIZ 理论中非常重要的基础思想之一。为了熟练掌握技术矛盾的定义,首先要理解矛盾、技术矛盾的概念。

任务分解

本任务可以分为两个子任务:
子任务 1:理解矛盾的含义;
子任务 2:理解技术矛盾的含义。

任务实施

1. 理解矛盾的含义

马克思哲学认为事物发展的源泉和动力就是矛盾。矛盾是反映事物内部对立和统一关系的哲学范畴,故矛盾就是对立统一。

在 TRIZ 理论中,阿奇舒勒认为大量发明所面临和需要解决的问题正是矛盾。大量的工程应用实例也表明,TRIZ 的出发点是借助经验,通过对问题的定性描述来发现设计中的矛盾。借助矛盾的发现,TRIZ 就能够解决工程技术系统中怎么做的问题。

2. 理解技术矛盾的含义

技术矛盾是指在一个技术系统中两个参数之间的矛盾，当改善技术系统中某一特性或参数时，会引起系统中另一个特性或参数的恶化。

技术矛盾是最常见的矛盾，在生活中普遍存在，下面我们列举几个生活中的例子。

【例9-1】为了尽快到达目的地，常用的方法是提高驾车的速度，如图9-1所示。但是汽车的速度提高，安全性则受影响。改善的参数是汽车速度提高节约了时间，恶化的参数是汽车速度提高导致安全性降低。

图9-1　高速驾车

【例9-2】为了保证农作物的正常生长不受害虫影响，常用的方法是喷洒农药，如图9-2所示。但是农药会残留在农作物上，影响人和动物的健康。改善的参数是害虫造成的农作物的损失，恶化的参数是农药残留对人和动物健康的损害。

图9-2　喷洒农药

任务 2　熟悉 39 个通用技术参数

任务描述

工程中存在大量的技术参数，面对技术矛盾时，先把技术矛盾的两个参数分别用 39 个通用技术参数来表示。因此，39 个通用技术参数是连接具体问题与 TRIZ 的桥梁，是打开问题之门的第一把"钥匙"。

利用这 39 个通用技术参数，足以描述工程领域中出现的绝大部分技术矛盾。借助通用技术参数，可以将一个具体的问题转化并表达为标准的 TRIZ 问题。

任务分解

本任务可以分为两个子任务：
子任务 1：了解 39 个通用技术参数；
子任务 2：理解 39 个通用技术参数的含义。

任务实施

1. 了解 39 个通用技术参数

阿奇舒勒在分析了大量的专利后发现，工程中存在大量的工程参数，每个行业、领域都有很多工程参数。为了方便定义技术矛盾，阿奇舒勒通过对大量专利文献进行分析，陆续总结出 39 个参数，把它们称为"39 个通用技术参数"，如表 9-1 所示。

表 9-1　39 个通用技术参数

序号	名称	序号	名称	序号	名称
1	运动物体的重量	14	强度	27	可靠性
2	静止物体的重量	15	运动物体的作用时间	28	测量精度
3	运动物体的长度	16	静止物体的作用时间	29	制造精度
4	静止物体的长度	17	温度	30	作用于物体的有害因素
5	运动物体的面积	18	照度	31	物体产生的有害因素
6	静止物体的面积	19	运动物体的能量消耗	32	可制造性
7	运动物体的体积	20	静止物体的能量消耗	33	操作流程的方便性
8	静止物体的体积	21	功率	34	可维修性
9	速度	22	能量损失	35	适应性及通用性
10	力	23	物质损失	36	系统的复杂性
11	应力或压强	24	信息损失	37	控制和测量的复杂性
12	形状	25	时间损失	38	自动化程度
13	稳定性	26	物质的量	39	生产率

下面以飞机的一个问题为例，来说明39个通用技术参数的作用。为了增加飞机外壳的强度，一种方法是增加飞机外壳的厚度，但是这样会造成飞机重量的增加。我们发现改善的参数是强度，在39个通用技术参数中对应的是14号参数；恶化的是重量，查询通用技术参数，发现有两个参数都包含重量，分别是1号参数"运动物体的重量"和2号参数"静止物体的重量"。经过判断，我们可以选择1号参数，即运动物体的重量。于是，这个问题转化成标准的技术矛盾，就是改善了强度，恶化了运动物体的重量。

2. 理解39个通用技术参数的含义

准确地理解每个参数的含义，有助于从问题中正确抽取矛盾。因此，有必要对这39个通用技术参数的基本含义逐一进行介绍。当然，由于这39个通用技术参数具有高度的概括性，所以很难将其定义得非常准确。从另一个角度来说，也不能将它们定义得过于死板，否则就失去了其应有的灵活性。

下面给出了39个通用技术参数的名称及含义：

（1）运动物体的重量：在重力场中运动物体所受到的重力。运动物体作用于其支撑或悬挂装置上的力。

（2）静止物体的重量：在重力场中静止物体所受到的重力。静止物体作用于其支撑或悬挂装置上的力。

（3）运动物体的长度：运动物体的任意线性尺寸，不一定是最长的长度。不仅可以是一个系统的两个几何点或零件之间的距离，而且可以是一条曲线的长度或封闭环的周长。

（4）静止物体的长度：静止物体的任意线性尺寸，不一定是最长的长度。不仅可以是一个系统的两个几何点或零件之间的距离，而且可以是一条曲线的长度或封闭环的周长。

（5）运动物体的面积：运动物体内部或外部所具有的表面或部分表面的面积。

（6）静止物体的面积：静止物体内部或外部所具有的表面或部分表面的面积。

（7）运动物体的体积：运动物体所占有的空间体积。

（8）静止物体的体积：静止物体所占有的空间体积。

（9）速度：物体的运动速度、过程或活动与时间之比。

（10）力：力是两个系统之间的相互作用。对于牛顿力学，力等于质量与加速度之积，在TRIZ中，力是试图改变物体状态的任何作用。

（11）应力或压强：单位面积上的力，也包括张力。

（12）形状：物体外部轮廓，或系统的外貌。

（13）稳定性：系统的完整性及系统组成部分之间的关系。磨损、化学分解及拆卸都会降低稳定性。

（14）强度：强度是指物体抵抗外力作用使之变化的能力。

（15）运动物体的作用时间：物体完成规定动作的时间、服务期。两次故障之间的平均时间也是作用时间的一种度量。

（16）静止物体的作用时间：物体完成规定动作的时间、服务期。两次故障之间的平均时间也是作用时间的一种度量。

（17）温度：物体或系统所处的热状态，包括其他热参数，如影响改变温度变化速度的热容量。

（18）照度：单位面积上的光通量，系统的光照特性，如亮度、光线质量。

（19）运动物体的能量消耗：能量是物体做功的一种度量。在经典力学中，能量等于力与距离的乘积。能量也包括电能、热能及核能等。

（20）静止物体的能量消耗：能量是物体做功的一种度量。在经典力学中，能量等于力与距离的乘积。能量也包括电能、热能及核能等。

（21）功率：单位时间内所做的功，即利用能量的速度。

（22）能量损失：为了减少能量损失，需要不同的技术来改善能量的利用。

（23）物质损失：部分或全部、永久或临时的材料、部件或子系统等物质的损失。

（24）信息损失：部分或全部、永久或临时的数据损失。

（25）时间损失：时间是指一项活动所延续的时间间隔。改进时间的损失指减少一项活动所花费的时间。

（26）物质的量：材料、部件及子系统等的数量，它们可以被部分或全部、临时或永久地改变。

（27）可靠性：系统在规定的方法及状态下完成规定功能的能力。

（28）测量精度：系统特征的实测值与实际值之间的误差。减少误差将提高测量精度。

（29）制造精度：系统或物体的实际性能与所需性能之间的误差。

（30）作用于物体的有害因素：物体对受外部或环境中的有害因素作用的敏感程度。

（31）物体产生的有害因素：有害因素将降低物体或系统的效率，或完成功能的质量。这些有害因素是由物体或系统操作的一部分而产生的。

（32）可制造性：物体或系统制造过程中简单、方便的程度。

（33）操作流程的方便性：要完成的操作应需要较少的操作者、较少的步骤，以及使用尽可能简单的工具。一个操作的产出要尽可能多。

（34）可维修性：对于系统可能出现失误所进行的维修要时间短、方便和简单。

（35）适应性及通用性：物体或系统响应外部变化的能力，或应用于不同条件下的能力。

（36）系统的复杂性：系统中的元件数目及多样性，如果用户也是系统中的元素，将增加系统的复杂性。掌握系统的难易程度是其复杂性的一种度量。

（37）控制和测量的复杂性：如果一个系统复杂、成本高、需要较长的时间建造及使用，或部件与部件之间关系复杂，都会使系统的监控与测量变得困难。测量精度高，增加了测量的成本，也是测量困难的一种标志。

（38）自动化程度：系统或物体在无人操作的情况下完成任务的能力。自动化程度的最低级别是完全人工操作；最高级别是机器能自动感知所需的操作、自动编程和对操作自动监控；中等级别则需要人工编程，人工观察正在进行的操作、改变正在进行的操作及重新编程。

（39）生产率：单位时间内所完成的功能或操作数；或者完成一个功能或操作所需的时间，以及单位时间的输出；或者单位输出的成本等。

为了便于理解及应用，上述39个通用技术参数可分为以下3类：

（1）通用物理及几何参数：1~12，17~18，21。
（2）通用技术负向参数：15~16，19~20，22~26，30~31。
（3）通用技术正向参数：13~14，27~29，32~39。

负向参数（negative parameters）：指这些参数的数值变大时，使系统或子系统的性能变差。如子系统为完成特定的功能，所消耗的能量（参数19~20）越大，则设计越不合理。

正向参数（positive parameters）：指这些参数的数值变大时，使系统或子系统的性能变好。如子系统的可制造性（参数32）指标越高，则子系统制造成本就越低。

任务3　学习应用矛盾矩阵

任务描述

矛盾矩阵是专为解决技术矛盾而设计的，通过对技术矛盾的39个通用技术参数与40个发明原理建立对应关系，解决设计过程中怎样选择发明原理的问题，更高效地解决技术矛盾。

任务分解

本任务可以分为两个子任务：
子任务1：理解矛盾矩阵；
子任务2：掌握矛盾矩阵的应用步骤。

TRIZ矛盾矩阵表

任务实施

1. 理解矛盾矩阵

通过对大量专利进行研究，阿奇舒勒发现对于某一种由两个通用技术参数所确定的技术矛盾来说，40个发明原理中的某一个或某几个被使用的次数要明显比其他的发明原理多。如果能够将发明原理与技术矛盾之间的对应关系描述出来的话，将大大提高解决技术矛盾的效率。基于这种想法，阿奇舒勒将39个通用技术参数和40个发明原理有机地联系起来，建立起对应关系，整理成39×39的矛盾矩阵表，这就是著名的阿奇舒勒矛盾矩阵，如表9-2所示。

表 9-2 矛盾矩阵（局部）

改善的通用技术参数		恶化的通用技术参数				
		1	2	3	4	5
		运动物体的重量	静止物体的重量	运动物体的长度	静止物体的长度	运动物体的面积
1	运动物体的重量	+	−	15,8,29,34	−	29,17,38,34
2	静止物体的重量	−	+	−	10,1,29,35	−
3	运动物体的长度	8,15,29,34	−	+	−	15,17,4
4	静止物体的长度	−	35,28,40,29	−	+	−
5	运动物体的面积	2,17,29,4	−	14,15,18,4	−	+

矩阵表中，"列"所代表的是系统需要改善的技术参数的名称，"行"所代表的是系统改善参数的同时导致恶化的另一个技术参数的名称。在 1 521 个方格里，其中 1 263 个方格中都有相应的几个数字。每个数字就是 TRIZ 推荐的解决技术矛盾的 40 个发明原理的序号。

45°对角线的方格，是同一个技术参数对应的，表示产生的矛盾不是技术矛盾而是物理矛盾（见本书项目 10），不能再用矛盾矩阵来求解。因此，矛盾矩阵的对角线所对应的方格用符号"+"来表示。

除了对角线方格外，矛盾矩阵中还存在一些用符号"−"表示的方格，这说明对于这些标准技术参数所构成的矛盾，TRIZ 研究者尚未发现常用的发明原理。

2. 掌握矛盾矩阵的应用步骤

应用矛盾矩阵解决技术矛盾，首先应将实际问题转化成技术矛盾，再运用矛盾矩阵找到建议解决矛盾所对应的发明原理，最后将对应的发明原理转化成具体的解决方案，如图 9-3 所示。

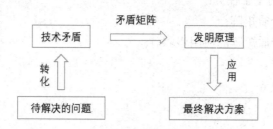

图 9-3 技术矛盾解决流程

在运用技术矛盾和矛盾矩阵解决实际问题的时候，可按照以下步骤进行：

（1）确定技术系统的名称。

（2）确定技术系统的主要功能。

（3）对技术系统进行详细的分解。划分系统的级别，列出超系统、系统、子系统各级别的零部件和各种辅助功能。

（4）对技术系统、关键系统、零部件之间的相互依赖关系和作用进行描述。避免对整个产品或系统笼统地描述，对系统和子系统问题要描述准确，建议使用"主语＋谓语＋宾语"的描述方式。

（5）确定技术系统应改善的特性。

（6）确定并筛选技术系统被恶化的特性。在提升改善特性的同时，必然会造成其他参数的恶化。被恶化的参数属于尚未发生，所以在筛选并确定恶化参数时，要设想并求证。

（7）将确定的参数对应 39 个通用技术参数进行重新描述。

（8）对通用技术参数的矛盾进行描述，改善的参数和恶化的参数则形成了矛盾。

（9）对矛盾进行反向描述。比如，增加某一个恶化的参数的程度，改善的参数将会被削弱，或其他的某个恶化的参数将会被加剧。

（10）查找矛盾矩阵找到所推荐的发明原理。

（11）将推荐的发明原理应用于实际问题，探讨每个原理在具体问题上如何应用和实现。

（12）如果所查找的发明原理都不适用于实际问题，则需要重新定义技术参数和矛盾，并再次应用和查找矛盾矩阵。

（13）筛选最理想的解决方案，进入产品的方案设计阶段，从而解决实际问题。

任务 4　应用矛盾矩阵解决问题案例

任务描述

为了有效地使用矛盾矩阵，需要在问题与技术参数之间建立起正确的联系，并澄清问题和思考解决问题的原则。通过利用矛盾矩阵来解决不同种类的问题。

任务分解

本任务包括两个案例：
案例 1：信封安全便捷的设计问题；
案例 2：波音 737 飞机发动机整流罩改进的设计问题。

任务实施

1. 信封安全便捷的设计问题

问题描述

日常生活中，在拆信封时如果直接撕开，那么容易损坏内部的信件，虽然便捷但不安全可靠。如果用剪刀或刀子等工具拆开，那么先要确定信件的位置，虽然安全可靠但不便捷。如何便捷、安全可靠地拆开信封取出里面的信件，是设计人员要解决的关键问题。

问题分析

（1）确定形成上述技术矛盾是由"时间损失"和"可靠性"，"可靠性"和"操作流程的方便性"两组通用技术参数构成的。改善的参数为"时间损失"和"可靠性"，恶化的参数为"可靠性"和"操作流程的方便性"。

（2）在矛盾矩阵中找到针对问题的发明原理。在纵坐标的改善参数25（"时间损失"）和横坐标的恶化参数27（"可靠性"）交叉的方格中，我们得到了3个发明原理，分别为10，30，4，如表9-3所示。

表9-3 矛盾矩阵1（信封问题）

改善的通用技术参数		恶化的通用技术参数				
		23	24	25	26	27
		物质损失	信息损失	时间损失	物质的量	可靠性
23	物质损失	+	−	15,18,35,10	6,3,10,24	10,29,39,35
24	信息损失	−	+	24,26,28,32	24,28,35	10,28,23
25	时间损失	35,18,10,39	24,26,28,32	+	35,38,18,16	10,30,4
26	物质的量	6,3,10,24	24,28,35	35,38,18,16	+	18,3,28,40
27	可靠性	10,35,29,39	10,28	10,30,4	21,28,40,3	+

在纵坐标的改善参数27（"可靠性"）和横坐标的恶化参数33（"操作流程的方便性"）交叉的方格中，我们得到了3个发明原理，分别为27，17，40，如表9-4所示。

表9-4 矛盾矩阵2（信封问题）

改善的通用技术参数		恶化的通用技术参数				
		29	30	31	32	33
		制造精度	作用于物体的有害因素	物体产生的有害因素	可制造性	操作流程的方便性
23	物质损失	35,10,24,31	33,22,30,40	10,1,34,29	15,34,33	32,28,2,24
24	信息损失	−	22,10,1	10,21,22	32	27,22
25	时间损失	24,26,28,18	35,18,34	35,22,18,39	35,28,34,4	4,28,10,34
26	物质的量	33,30	35,33,29,31	3,35,40,39	29,1,35,27	35,29,10,25
27	可靠性	11,32,1	27,35,2,40	35,2,40,26	−	27,17,40

原理分析

（1）根据上述两组数据，分别找到相对应的发明原理：10——预先作用原理；30——柔性外壳或薄膜原理；4——非对称原理；27——一次性用品原理；17——一维变多维原理；40——复合材料原理。

（2）将推荐的发明原理逐个应用到具体问题上，探讨每个发明原理在该问题上是否有效，如表9-5所示。

表 9-5 发明原理与信封问题的关联性

发明原理序号		发明原理名称	与问题的关联性
矛盾一	10	预先作用原理	对解决问题有效
	30	柔性外壳或薄膜原理	对解决问题无效
	4	非对称原理	对解决问题无效
矛盾二	27	一次性用品原理	对解决问题无效
	17	一维变多维原理	对解决问题无效
	40	复合材料原理	对解决问题有效

解决方案

根据表 9-5 分析总结出最佳解决方案，可得出"10——预先作用原理"和"40——复合材料原理"，可以解决存在的技术矛盾。设计一种带有"撕条"的安全便捷的信封，就可以很轻松地拆开信封。拆信件时，只需要撕拉预先制作好的"撕条"，就可以拆开信封。内部的文件和资料不会损坏，同时信封还能保持完整，如图 9-4 所示。

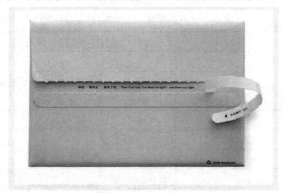

图 9-4 带有"撕条"的安全便捷的信封

2. 波音 737 飞机发动机整流罩改进的设计问题

问题描述

波音 737 飞机为增加飞行航程，在改进设计中加大了发动机功率，如图 9-5 所示。但随之出现的问题是，在加大功率的情况下发动机需要进入更多的空气，发动机的改进使发动机整流罩的截面尺寸加大，整流罩与地面的距离将会缩小，而起落架的高度是无法调整的，这样飞机起降的安全性将受到影响。摆在设计人员面前的关键问题是如何改进发动机整流罩而不降低飞机的安全性。

问题分析

（1）确定形成上述技术矛盾是由"运动物体的面积"和"运动物体的长度"两个通用技术参数构成。改善的参数为"运动物体的面积"，恶化的参数为"运动物体的长度"。

（2）在矛盾矩阵中找到针对问题的发明原理。在纵坐标的改善参数 5（"运动物体的面积"）和横坐标的恶化参数 3（"运动物体的长度"）交叉的方格中，我们得到了 4 个发明原理，分别为 14，15，18，4，如表 9-6 所示。

图 9-5 改进前波音 737 发动机整流罩

表 9-6 矛盾矩阵（发动机整流罩问题）

改善的通用技术参数		恶化的通用技术参数				
		1	2	3	4	5
		运动物体的重量	静止物体的重量	运动物体的长度	静止物体的长度	运动物体的面积
1	运动物体的重量	+	−	15,8,29,34	−	29,17,38,34
2	静止物体的重量	−	+	−	10,1,29,35	−
3	运动物体的长度	8,15,29,34	−	+	−	15,17,4
4	静止物体的长度	−	35,28,40,29	−	+	−
5	运动物体的面积	2,17,29,4	−	14,15,18,4	−	+

原理分析

（1）根据上述 4 个数据分别找到相对应的发明原理：14—曲面化原理；15—动态特性原理；18—机械振动原理；4—非对称原理。

（2）将推荐的 4 个发明原理逐个应用到具体问题上，探讨每个发明原理在该问题上是否有效，如表 9-7 所示。

表 9-7 发明原理与发动机整流罩问题的关联性

发明原理序号	发明原理名称	与问题的关联性
14	曲面化原理	对解决问题无效
15	动态特性原理	对解决问题无效
18	机械振动原理	对解决问题无效
4	非对称原理	对解决问题有效

解决方案

根据上表分析总结出最佳解决方案，可得出"4——非对称原理"可以解决存在的技术矛盾。将飞机整流罩做成不对称的扁平形状，纵向尺寸不变，横向尺寸加大。这样，飞机整流罩的面积得以加大，同时整流罩与地面的距离仍保持不变，因此飞机的安全性不受到影响，如图9-6所示。

图9-6 改进后的波音737发动机整流罩

小　　结

通过对解决技术矛盾项目的完成，可以掌握现代TRIZ中解决技术矛盾的工具——矛盾矩阵。通过发现技术矛盾，将其与39个通用技术参数和40个发明原理联系起来，有针对性地解决产生矛盾的实际问题。但有时实际问题的陈述与矛盾矩阵的技术参数并不一致和匹配，这就需要我们不断地学习和训练，充分运用知识和经验，让实际问题和矩阵的技术参数建立起正确的联系。

习　　题

一、简答题

1．39个通用技术参数的作用是什么？
2．请列举5个技术矛盾在日常生活中的实例。

二、分析题

1．开口扳手设计改进问题。生活中经常用扳手拧紧或松开螺母，由于扳手受力集中于螺栓的两条棱边，容易产生变形造成扳手打滑。要想避免打滑，扳手开口与螺栓之间的间隙要尽可能小，通过增加受力面来减少对棱角的磨损，需要提高制造精度，但这样会提高制造成本。试着利用矛盾矩阵分析得到问题的解决方案。

2．一次性牙膏开启问题。外出入住宾馆提供一次性牙膏，为了快速挤出牙膏，最好的方法是牙膏不用封口。但是牙膏不封口，会容易导致牙膏变质等问题。试着利用矛盾矩阵分析得到问题的解决方案。

3．太空中使用锤子问题。宇航员在太空中需要维修一些部件，所以经常会使用锤子进行敲击。但是由于太空失重，锤子的反弹容易对宇航员造成伤害。试着利用矛盾矩阵分析得到问题的解决方案。

项目 10 解决物理矛盾

【学习目标】

通过本项目的完成，读者将掌握如下知识和技能：
- 物理矛盾的定义；
- 物理矛盾定义的方法；
- 4 种分离原理的定义；
- 应用分离原理解决物理矛盾。

任务 1 理解物理矛盾

任务描述

物理矛盾是现实中一种突出且不容易解决的矛盾，对物理矛盾的认识以及如何解决物理矛盾，是现代 TRIZ 理论中非常重要的基础思想之一。为了熟练掌握物理矛盾的定义，首先要理解物理矛盾、技术矛盾与物理矛盾的关系、物理矛盾定义的方法这几个概念。

任务分解

本任务可以分为 3 个子任务：
子任务 1：理解物理矛盾的含义；
子任务 2：理解技术矛盾与物理矛盾的关系；
子任务 3：理解物理矛盾定义的方法。

任务实施

1. 理解物理矛盾的含义

物理矛盾是一个通用技术参数的矛盾。当矛盾中"改善的通用技术参数"和"恶化的通用技术参数"是同一个参数时，就属于物理矛盾。阿奇舒勒定义的物理矛盾是，当一个技术系统的技术参数具有相反的需求时，就出现了物理矛盾。

2. 理解技术矛盾与物理矛盾的关系

技术矛盾和物理矛盾反映的都是技术系统的参数属性。技术矛盾是技术系统中两个参数之间的矛盾。物理矛盾是技术系统中一个参数对立的两个状态。技术矛盾和物理矛盾是相互联系的。技术系统中的技术矛盾是由系统中矛盾的物理性质造成的。矛盾的物理性质是由元件相互排斥的两个物理状态确定的。而相互排斥的两个物理状态之间的关系是物理矛盾的本质。由此可见,技术矛盾和物理矛盾是相互联系并可以相互转化的。

3. 理解物理矛盾定义的方法

物理矛盾是指在一个技术系统中同一个参数的矛盾,是由表述系统性能的同一个参数具有相互排斥(相反的或不同的)需求所构成的矛盾。要解决物理矛盾,就需要对矛盾所涉及的参数进行选择,用一种适当的方式改变所选的参数,让矛盾从对立走向统一,进而解决矛盾。

将技术系统中的问题转化为物理矛盾是非常重要的,准确描述和定义问题中的物理矛盾是解决问题的关键。通常用 7 个简单的步骤,逐步完成物理矛盾的描述。

例如,购买手机时,屏幕尺寸大可以看得更加清楚,但这样会使手机携带起来不方便。根据问题,定义物理矛盾的步骤,如表 10-1 所示。

表 10-1 定义物理矛盾的步骤

	步 骤	实 例
1	元素或其组成部分(制定技术系统的组成)	手机屏幕
2	必须(是、有)(指定要求的作用、物理状态或参数值)	屏幕尺寸大
3	满足(指定某一项需求)	看得更加清楚
4	与/但是	但是
5	元素或其组成部分(同第一步)	手机屏幕
6	必须(是、有)(指定与第二步相反的作用、物理状态、性质或参数值)	屏幕尺寸小
7	满足(指定另一需求)	携带方便

为了更清楚地定义物理矛盾,可以采用描述物理矛盾的固定格式。通常描述为:

参数 A 需要 B 因为 C ;

但是,

参数 A 需要 -B 因为 D 。

其中,A 表示单一参数;B 表示正向需求;-B 表示相反的负向需求;C 表示在正向需求 B 满足的情况下,可以达到的效果;D 表示在负向需求 -B 满足的情况下,可以达到的效果。在上例中,可以将物理矛盾描述为:

手机 屏幕尺寸 需要大,因为可以看得更加清楚;

但是,

手机 屏幕尺寸 需要小,因为携带方便。

任务2 掌握4种分离原理

任务描述

物理矛盾是技术系统中一种更突出、更难以解决的矛盾。当遇到物理矛盾的时候,可以考虑用一个原理来解决——分离原理。解决物理矛盾的核心思想是实现矛盾双方的分离。现代 TRIZ 理论在总结解决物理矛盾的各种方法的基础上,提炼出了分离原理,并将其分为4种基本类型,即空间分离、时间分离、条件分离和整体与部分分离,如图10-1 所示。

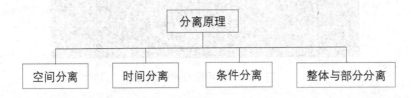

图 10-1 分离原理的 4 种类型

4 种分离方法的核心思想是完全相同的,都是为了将同一对象的相互矛盾的需求分离开,从而使矛盾的双方都得到完全的满足。不同点在于,不同的分离方法通过不同的方向来分离矛盾的双方。通过掌握分离方法的应用,可以选择使用符合分离方法的创新原理来得到具体问题的解决方案。

任务分解

本任务可以分为4个子任务:
子任务 1:掌握空间分离原理;
子任务 2:掌握时间分离原理;
子任务 3:掌握条件分离原理;
子任务 4:掌握整体与部分分离原理。

任务实施

1. 掌握空间分离原理

空间分离原理是指将矛盾双方在不同的空间上分离,即通过在不同的空间上满足不同的需求,让关键子系统矛盾的双方在某一空间只出现一方,从而解决物理矛盾。

【例 10-1】在利用轮船进行海底测量工作时,早期是将声呐探测器安装在轮船上的某个部位。在实际测量过程中,轮船上的各种干扰会影响测量精度和准确性。解决这个问题的方法之一是将声呐探测器用电缆连接置于船后千米之外，使得声呐探测器与产生干扰的轮船之间在空间上处于分离状态，互不影响，实现了矛盾的合理解决，如图10-2所示。

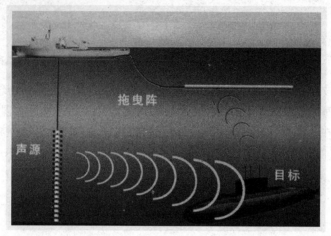

图10-2 轮船进行声呐测量

【例10-2】早期自行车是脚蹬子和前轮连接成一体的，骑车人既要快蹬（脚蹬子）以提高车轮转速，进而提高自行车的速度，又希望慢蹬（脚蹬子），以体验轻松的感觉。链条、链轮及飞轮的发明解决了这个物理矛盾。在空间上将链轮（脚蹬子）和飞轮（车轮）分离，再用链条将它们连接起来，链轮直径大于飞轮，链轮只需以较慢的速度旋转就能使飞轮快速旋转，即骑车人通过较慢的速度蹬脚蹬子就可以使自行车的车轮以较快的速度旋转，如图10-3所示。

早期　　　　　　　　　　　　改进后

图10-3 自行车的演变

2. 掌握时间分离原理

时间分离原理是指将矛盾双方在不同的时间段上分离，即通过在不同的时刻满足不同的需求，从而解决物理矛盾。

【例10-3】我们希望舰载飞机的机翼大一些，这样飞机就能有更好的承载能力，大机翼可以提供更大的升力；但是我们又希望机翼小一些，因为要在航空母舰有限的空间上停放更多的飞机。用时间分离原理即可解决这个物理矛盾，将舰载飞机的机翼设计为折叠的，飞机在航空母舰上存放时机翼折叠，飞行时机翼再打开，如图10-4所示。

飞行时　　　　　　　　　　折叠后

图 10-4　舰载飞机的机翼改进

【例10-4】在喷砂处理工艺中，必须使用研磨剂，但是在完成喷砂工艺之后，产品会残留一些研磨剂，从而影响后续的工艺，如图10-5所示。由于研磨剂对于产品本身而言是不需要的，考虑在喷砂处理工艺中的这个问题，可以采用时间分离原理来解决这个物理矛盾。采用干冰作为原料制作成研磨剂，完成喷砂之后干冰将会由于升华而自动消失。

图 10-5　喷砂处理工艺

3. 掌握条件分离原理

条件分离原理是指根据条件的不同将矛盾双方不同的需求分离，即通过在不同的条件下满足不同的需求，从而解决物理矛盾。

【例10-5】厨房中使用的水池箅子，对于水而言是多孔的，允许水流过；而对于食物而言则是刚性的，不允许食物通过，如图10-6所示。

图10-6 厨房水池箅子

【例10-6】水射流可以当作软物质，用于淋浴时冲洗；也可以当作硬物质，以高压、高射速流用于加工或作为非致命武器使用，这取决于射流的速度条件，如图10-7所示。

图10-7 水射流

4. 掌握整体与部分分离原理

整体与部分分离原理是指将矛盾双方在不同层次上分离，即通过在不同的层次上满足不同的需求来解决物理矛盾。

【例10-7】自动装配生产线要求零部件连续不断地供应，如图10-8所示。但是，零部件从自身的加工车间或供应商处运到装配车间时，却只能批量地、间断地供应。对此，我们可使用专用的转换装置，接受间断运来的批量零部件，但连续地将零部件输送到自动装配生产线上，从而解决这个矛盾。

图 10-8 自动装配生产线

【例 10-8】自行车链条应该是柔软的,以便精确地环绕在传动链轮上;链条又应该是刚性的,以便在链轮之间传递相当大的作用力。因此,链条上的每一个链接是刚性的,但是链条整体上是柔性的,如图 10-9 所示。

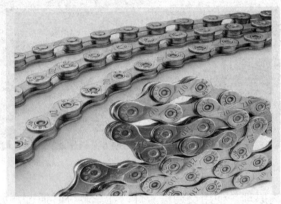

图 10-9 自行车链条

任务 3 应用分离原理解决物理矛盾案例

任务描述

通过对同一物理矛盾运用不同的分离原理得到不同的问题解决方法,分析不同解决方法的优点和缺点,帮助工程技术人员更详细、更高效地解决物理矛盾。

任务分解

本任务包括两个案例:
案例 1:十字路口的设计;

案例 2：让眼镜具备两种屈光度。

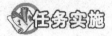任务实施

1. 十字路口的设计

为了建设城市交通路网，必须在道路上设置许多十字路口。设计十字路口遇到了让很多设计师左右为难的问题——道路应该有十字路口，以便让车辆能够到达目的地；道路又不能有十字路口，以避免车辆相撞。那么，怎么设计十字路口才能兼顾两方面的需求呢？我们通过 4 种分离原理来解决这个问题。

（1）运用空间分离原理。采用高架桥、立交桥和地下通道，如图 10-10 所示。

图 10-10　高架立交桥

（2）运用时间分离原理。使用交通信号灯，让车辆分时通过，如图 10-11 所示。

图 10-11　交通信号灯

（3）运用条件分离原理。在十字路口中心使用转盘，4个方向的车流到达路口后，均进入转盘行驶，如图10-12所示。

图 10-12　路口中心转盘

（4）运用整体与部分分离原理。将十字路口设计成两个"丁"字路口，延缓一个方向的行车速度，加大与另外一个方向的避让距离，如图10-13所示。

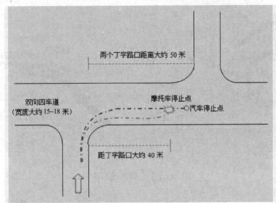

图 10-13　双"丁"字路口

2．让眼镜具备两种屈光度

有些人的视力兼有近视和老花的问题。因此，在看近处的时候，需要屈光度高（老花）；看远处的时候，需要屈光度低（近视）。如何让眼镜具备两种屈光度来满足这些人的需求呢？我们通过4种分离原理来解决这个问题。

（1）运用空间分离原理。双光眼镜是指在同一个镜片上有两种屈光度数，矫正远距离视力的屈光度数通常在镜片的上方，矫正近距离视力的屈光度数则在镜片的下方，如图 10-14 所示。由于同一镜片上同时包括远和近的屈光度数，交替看远和近时不需要更换眼镜。双光眼镜的缺点是两种屈光度数的镜片之间有明显的分割线，而且两种屈光度数的镜片相对较小，视野范围会受到限制。

图 10-14 双光眼镜

（2）运用时间分离原理。准备两副眼镜，一副是近视眼镜，一副是老花眼镜，如图 10-15 所示。其优点是解决问题的方式简单，使用现成的眼镜，无须对眼镜做任何创新与改进；缺点是需要两副眼镜，携带不方便，还需要来回更换，使用十分不便。

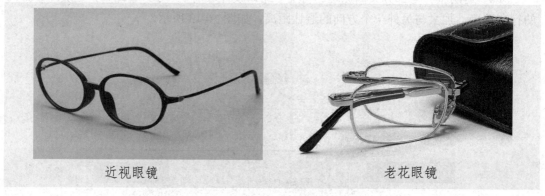

图 10-15 两副眼镜

（3）运用条件分离原理。有一种智能双光眼镜，通过按一个按钮，眼镜就能从"近视"模式转换成"老花"模式，如图 10-16 所示。这是因为在眼镜镜片的两层玻璃中间夹了很薄的一层液体结晶，并连接上一个电极环。其优点是当电极环打开的时候，根据所施加的电压的高低，无论是近距离还是远距离视角，电极都能重新调配镜头的调焦功率，使得整个镜片在一瞬间达到最理想的屈光度，而且视野范围不受限制；其缺点是由于有电极环、导线和按钮等零部件的加入，眼镜整体结构复杂，成本比较高。

（4）运用整体与部分分离原理。将一片镜片分成两片（凹透镜和凸透镜）来进行组合使用，如图 10-17 所示。当单镜片（凹透镜）使用时起到近视眼镜的作用；当另一个镜片（凸透镜）叠加上来的时候，眼镜就起到老花眼镜的作用。其优点是视野范围不受限制；缺点是镜片结构复杂，需要加入一定的机械结构，轻便性不够。

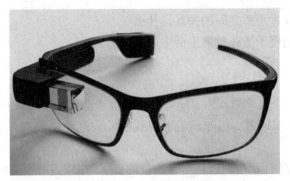

图 10-16 智能双光眼镜

图 10-17 双层眼镜

小　　结

通过完成解决物理矛盾的项目，我们了解了技术系统中一种更突出的矛盾——物理矛盾，相对于技术矛盾，物理矛盾更难以解决。同时，我们掌握了现代 TRIZ 中一个重要的解决物理矛盾的原理——分离原理。分离原理主要包括空间分离、时间分离、条件分离以及整体与部分分离 4 种基本类型，不同的分离原理分离矛盾的方向不同，确认方法之后用符合这个方法的创新原理来得到问题的解决方案。

通过 4 个原理得到的解决方案不是唯一的，一般会对比不同的方案，选出最优，或者将不同方案的优点综合，形成一个总方案，为后续进一步解决工程系统中的矛盾打下良好的基础。分离原理是现代 TRIZ 中重要的矛盾解决原理之一。

习　　题

一、简答题

1. 解决物理矛盾的核心思想是什么？

2. 物理矛盾与技术矛盾之间的关系是什么？
3. 请列举 5 个物理矛盾在日常生活中的实例。

二、分析题

1. 豆浆机里有一个过滤罩，为了能把豆浆和豆渣分离，过滤罩的网眼需要很小，但是网眼小容易导致过滤罩堵塞，很难清洗。请找出此问题中的物理矛盾，并使用分离方法解决。

2. 物流公司分拣物件都是通过传送带进行的，为了在较短的距离内将物体运送到高处，需要增加传送带的倾角；但是由于摩擦力的限制，太大的倾角将导致物件下滑。请找出此问题中的物理矛盾，并使用分离方法解决。

项目 11 应用标准解法

【学习目标】

通过本项目的完成，读者将掌握如下知识和技能：
- 明确应用标准解法的基本概念；
- 理解标准解分类与应用流程；
- 了解标准解体系

任务 1 理解应用标准解法的基本概念

任务描述

标准解系统是通过大量专利分析之后所抽取出来的解决问题的工具。为了熟练掌握和应用标准解法这个工具，首先要理解标准解法的场、物场模型、标准解系统等几个概念。

任务分解

本任务可以分为 3 个子任务：

子任务 1：理解场的概念；
子任务 2：理解物场模型；
子任务 3：理解应用物场分析的解题思路。

任务实施

1. 理解场的概念

阿奇舒勒设想任何一个复杂的工程系统都是由一系列最简单的工程系统组成的。那么最简单的工程系统应该是什么样的呢？它应该具备两个条件：① 必须由两个物质组成；② 两个物质必须有相互作用，阿奇舒勒称这个相互作用为"场"（Field）。这两个条件缺一不可。这里所指的物质是有净质量的实体；场的类型有很多，但大致可以用 MAThChEM 来概括。

- M 指的是机械场（Mechanical），比如重力、摩擦力、离心力、振动、应力、浮力、压力等。
- A 指的是声场（Acoustic），比如可听到的声波、超声波等。
- Th 指的是热场（Thermal），比如热传递等。
- Ch 指的是化学场（Chemical），比如腐蚀、黏结等。
- E 指的是电场（Electrical），比如静电、高压等。
- M 指的是磁场（Magnetic），比如电磁铁、永磁体等。

2. 理解物场模型

由两个物质和一个场所组成的模型就是物场模型。

一个工程系统不能正常工作，也意味着物场模型出了问题。那么有问题的物场模型有哪些呢？

（1）不完整的物场模型。

不完整的物场模型指的是构成完整物场模型的两个物质和一个场中，缺少某一个必要的组成部分，或者缺少场，或者缺少其中的一个物质。

① 仅有一个物质，缺少第二个物质和它们之间的场（见图 11-1）。例如，如果希望把钉子（S_1）钉入墙体，需要有另一个物质如锤子（S_2），并通过一个机械场（F）如敲击实现所需目标。

图 11-1　仅有一个物质的不完整物场模型

② 有两个物质，但缺少它们之间的场（见图 11-2）。如上述的例子中，仅仅有钉子（S_1）和锤子（S_2），还不能实现把钉子钉入墙体中，还需要两者之间机械场的作用。

③ 有两个物质，两个物质也有相互作用，但没有所期望的相互作用（场）发生（见图 11-3）。例如，把钉子（S_1）钉入某零件（S_2）的过程中，该零件虽然与钉子有相互作用，但并没有很好地支持钉子，钉子容易滑动。

图 11-2　仅有两个物质但缺少场的物场模型

（2）有害的物场模型。

有害的物场模型指的是物场模型虽然能够工作，但与我们的期望相反，即物质 1 与物质 2 之间有有害的相互作用（见图 11-4）。比如在做馒头时，案板（S_1）黏附黏稠的面（S_2），这是我们不期望的相互作用。

图 11-3　有两个物质但没有发生期望的相互作用的物场模型

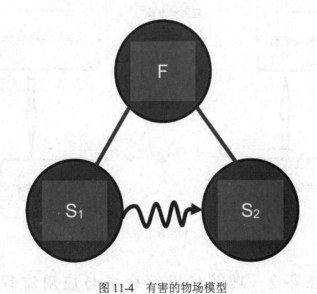

图 11-4　有害的物场模型

（3）有用但不足的物场模型。

有用但不足的物场模型指的是物场模型虽然是有用的，即与我们的期望相一致，但并没有达到预期的要求（见图 11-5）。比如，密封环（S_1）虽然能够挡水（S_2），但仍然有部分水漏了出来。密封环挡水是有用的相互作用，但有少量水漏出，没有达到预期的要求。

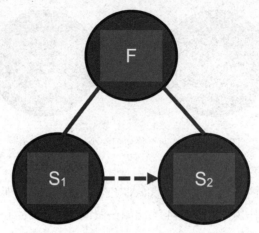

图 11-5　有用但不足的物场模型

3. 理解应用物场分析的解题思路

阿奇舒勒发现：如果问题的物场模型是一样的，那么解决方案的物场模型也是一样的，和这个问题来自哪个领域无关。在应用标准解系统之前，需要先将通过分析得到的关键问题转化为一种叫作物场模型的问题模型，才能应用标准解系统（见图 11-6）。阿奇舒勒通过专利分析得到物场模型的方案解的模型，共收集到了 76 个物场标准解模型（现在被称为 76 个标准解），形成了标准解系统。

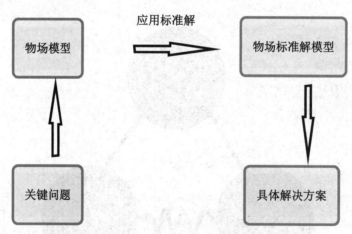

图 11-6　利用标准解解决问题

任务 2　理解标准解分类与应用流程

任务描述

标准解系统方案数量众多，不易寻找，需要进行分类以便快速寻找并解决问题。

任务分析

标准解系统主要分为五大类,在遇到问题的时候,可以根据问题的类型到相应类别的标准解中寻找答案。

任务分解

本任务可以分为两个子任务:
子任务1:明确标准解的分类;
子任务2:明确标准解的应用流程。

任务实施

1. 明确标准解的分类

标准解数量较多,如果我们遇到问题就尝试运用所有的标准解,不但费时又费力,而且效率较低。因此,阿奇舒勒对这些标准解进行了分类,依照解决问题类型的不同,将标准解系统分为五大类,如表11-1所示,这样我们在遇到问题的时候,就可以根据问题的类别去相应类别的标准解中寻找答案。

表 11-1 标准解的分类

类　　别	标准解子类
第一类 不完整物场与有害的物场模型	1.1　建立完整的物场模型 1.2　拆解物场模型
第二类 增强物场模型	2.1　转化为复杂的物场模型 2.2　加强物场模型 2.3　节奏的协调
第三类 转向超系统和微观系统	3.1　转换成双系统或多系统 3.2　向微观系统转换
第四类 测量和检测	4.1　改变工程系统,使系统不再需要测量 4.2　测量复制品
第五类 标准解的应用	标准解的应用 5.1　引入空物质 5.2　临时引入物质,然后将其移除 5.3　在某一地点集中引入某物质 5.4　引入物

2. 明确标准解的应用流程

图 11-7 所示为五大类的标准解应用流程。

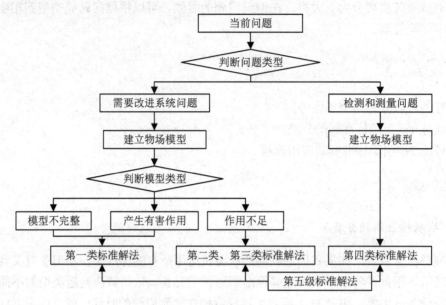

图 11-7　标准解应用流程

任务 3　了解标准解体系

任务描述

针对适合的解决问题类别，对标准解系统进行分类的详细划分。

任务分析

标准解系统主要分为五大类，根据问题的类型去查找相应的标准解模型。

任务分解

本任务可以分为 5 个子任务：
子任务 1：不完整物场与有害的物场模型；
子任务 2：增强物场模型；
子任务 3：转向超系统和微观系统；
子任务 4：测量和检测；
子任务 5：关于标准解的应用。

任务实施

由于篇幅限制，76 个标准解数量众多，无法一一列出，本节仅给出典型标准的说明和应用。

1. 不完整物场与有害的物场模型

若系统不完善或者含有害功能，可利用这一类的标准解，通过建立或拆解物场模型来解决问题。

（1）建立完整的物场模型。

建立完整的物场模型可以采用完善物场模型、内部合成物场模型、外部合成物场模型、利用环境中的资源、改变外部环境等方式。

① 完善物场模型。为实现所需作用，如果物场模型不完整，可以通过添加场或者物质使物场模型完善。不完整的物场模型中往往缺少一个或两个物质，或缺少使两个物质相互作用的场。

例如，为了使钉子钉入墙壁，需要使用锤子敲击钉子。如果系统只是一个锤子，或只有锤子和钉子而无机械场，则无法实现所需作用。必须有锤子、钉子以及使两者作用的机械场才能构成一个完整的系统。

例如，为了实现从空气中分离粉尘，如果只有粉尘和空气，无法实现所需作用。加入一个离心力场，即可实现空气与粉尘的分离（见图 11-8）。

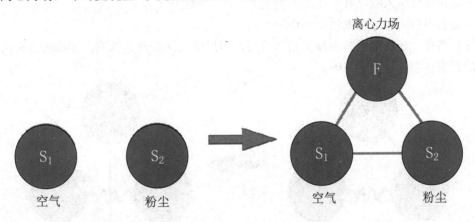

图 11-8　空气中分离粉尘标准解方案模型

② 引入内部/外部添加物。这个物场模型适用于两个物质（S_1 和 S_2）有相互作用，但我们所期望的相互作用并没有发生，这时可以在 S_1 或 S_2 中引入内部或外部添加物，使所期望的作用可以发生。

例如，天然气无色无味，如果发生泄漏，人虽然可以与之接触，但无法察觉。因此可以在天然气中引入有臭味的气体，这样如果发生泄漏，人就可以感觉到了（见图 11-9）。

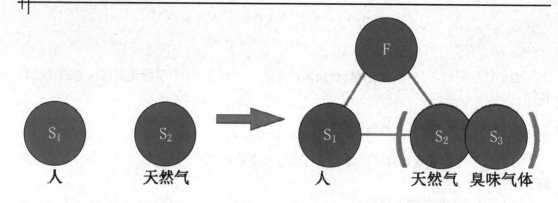

图 11-9 天然气泄漏标准解方案模型

（2）拆解物场模型。

这一类标准解对应于有害的物场模型，即虽然物场模型是完整的，但物质之间存在有害的相互作用。在此子类中，比较常用的标准解，包括在二者之间引入新物质、改进的物质、牺牲物质、场来拆解有害的作用。

例如，在做馒头时，砧板（S_1）黏附黏稠的面（S_2），砧板对面有黏附的有害作用，根据拆解物场模型，我们可以考虑：

- 是否可以引入新的物质？
- 是否可以改进现有物质来消除有害作用？
- 是否可以引入吸收有害作用的物质？
- 是否可以引入场来抵消有害作用？

综合考虑上述标准解方案模型的建议后，可以引入面的改进物质，如面粉，来消除两者间的有害作用（见图 11-10）。

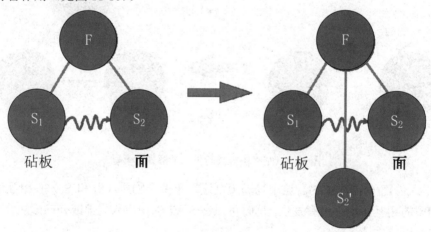

图 11-10 砧板黏附面标准解方案模型

2. 增强物场模型

若系统完善但作用不足，可利用第二类标准解，即通过增强物场模型来解决问题。

(1) 转化为复杂的物场模型。

这里复杂的物场模型主要包括链式物场模型、双物场模型。

① 链式物场模型。若必须增强一个物场模型，可通过建立一个链式物场模型来增强物场模型的性能。

例如，锤子 S_2 敲击岩石 S_1，可以在两者之间增加一个凿子 S_3，改善问题。锤子的机械能传递到凿子上，凿子将机械能传输到岩石（见图11-11）。

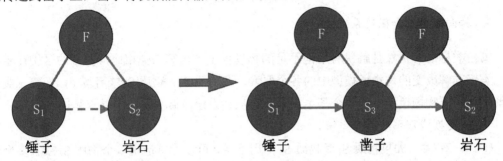

图11-11　锤子敲击岩石标准解方案模型

② 双物场模型。在现有系统作用不足，而且不允许引入新的物质时，可以引入一个场，将物场模型转换为双物场模型。

例如，在用电解法生产铜板的过程中，其表面会残留少量的电解液（S_2）。仅用清洗液（S_1）来处理效果不太理想，可以通过增加第二个场（如超声场、机械振动场）改善效果（见图11-12）。

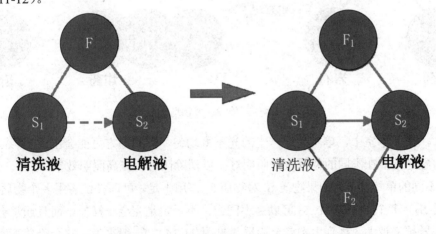

图11-12　清洗电解液标准解方案模型

(2) 加强物场模型。

加强物场模型的方法有：使用可控性更好的场、增加物质的分割程度、使用毛细管和多孔的物质、动态化、场/物质的结构化（均匀的场/物质向非均匀的场/物质转换、非结构化的场/物质向具有特定时空结构的场/物质转换）。

例如，用火直接热水不易控制时间，可用电水壶及可控性更好的电阻丝来进行加热；为使汽车座位更加舒适，将硬坐垫调整为海绵结构的坐垫，这样可以适应性地支撑人，坐起来更加舒适。

（3）节奏的协调。

例如，将超声波的频率调整到身体中结石的固有频率，使结石在超声波作用下产生共振，从而有效破碎结石。

3. 转向超系统和微观系统

第三类标准解仍然是解决有用但不足的物场模型。与第二类相比，两者的区别在于，第二类标准解改变的是物场模型中的各个要素，即物质 S_1、物质 S_2 或者场 F，而第三类标准解不再限于物场模型中的 3 个基本要素，它从超系统或微观系统中寻求解决方案。

（1）转换成双系统或多系统。

① 单-双-多。如果物质 S_1 对物质 S_2 作用不足，可以尝试运用多个物质 S_1 或者多个物质 S_2，以提高效率。

例如，少量单位的炸药很难爆破大块的岩石，根据单-双-多物场模型的建议，可以在岩石上设置多个爆破点来放置炸药，这样就比较容易爆破大块的岩石（见图 11-13）。

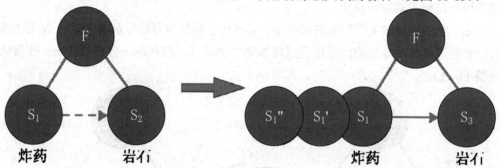

图 11-13　单-双-多物场模型

再如，在手术室中，单一的灯产生的光不太均匀，有的地方可能会出现阴影，为了解决这一问题通常要在不同的位置放置照明灯，以消除阴影，提高照明效果。

② 不同的单-双-多。如果物质 S_1 对物质 S_2 作用不足，可以尝试运用多个物质 S_1 或者多个物质 S_2，多个 S_1 或多个 S_2 可以是不同的，不一定是完全一样的。而且通常会越来越不同，差异越来越大，直到大到完全相反（见图 11-14）。一般来说，它会沿着下面这条路径逐渐变化：一个物质→多个完全相同的物质→至少有一个参数不同，但主要功能和工作原理相同的多个物质→主要功能相同，但工作原理不同的多个物质→主要功能不同的多个物质→功能完全相反的物质。

例如，帆船的帆布可以带动船的移动，单一的帆移动船的速度是比较慢的，可以逐步采用多个相同的帆、大小面积不同的帆、帆与蒸汽机的组合等方式来移动船。

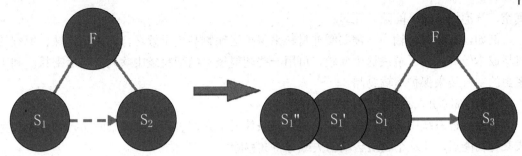

图 11-14　有差异的单-双-多物场模型

（2）向微观系统转换。

如果物质 S_1 对物质 S_2 作用不足，则可以将物质 S_1 或物质 S_2 从宏观向微观转变，以提高效率。系统或者部件可以被能够与场相互作用而实现所需要功能的更低级别的物质代替。一种物质有很多的微观状态（如晶格、分子、离子、原子、基本粒子、场等），因此，在解决问题时可以考虑各种过渡到微观级别或从一个微观级别过渡到另一个较低层级别的方案。

例如，在制造玻璃的过程中，高温炙热的软玻璃片（用来制造厚玻璃板）在传送带上移动的时候，很容易在滚筒之间发生下陷变形。这种情况下只要让玻璃片浮在熔化的液态金属锡池子上，就可以达到平坦地运送热玻璃片的效果。

4．测量和检测

第四类标准解与上面的三类标准解不同，这一类标准解是专门用于解决测量和检测问题的。下面对典型的标准解进行分析：

（1）改变工程系统，使系统不再需要测量。

对工程系统（或者过程）进行改变，从而没有必要再进行测量。这一点类似于"防错"。

例如，为了防止长开电动机过热（其温度由温度传感器测量），使电动机开关材料的居里点等于温度临界值，从而让电动机自动停止运转。

（2）测量复制品。

当不方便或不能直接测量一个物质或场的时候，可以测量这个物质的复制品，而不是这个物质本身。比如测量它的图像、模型、影子等。

例如，在战场或者救援场地，肉眼很难发现敌人或者生还者，可以采用热成像仪等装置，通过观测热成像来发现敌人或者生还者。

5．标准解的应用

第五类标准解是标准解的应用，它是在不能向工程系统中添加物质时应该采取的解决方案。它需要解决这样一个矛盾：某一解决方案要求向工程系统中增加物质，但现实条件却不允许增加物质。这一类标准解比较典型的有以下几个：

（1）引入空物质。

如果工程系统中需要引入物质，但现实条件又不允许引入，则可引入空隙，如空气、真空、气泡、泡沫、间隙、孔等。

例如,在物流运输中,需要缓冲材料来保护运输物品免于毁坏,但采用泡沫、海绵等材料成本较高。为了解决这个问题,可用一些塑料袋,向塑料袋中吹入空气后密封,利用密封的空气袋来保护运输物品。

(2) 临时引入物质,然后将其移除。

如果工程系统中需要引入物质,但现实条件又不允许引入,则可临时引入物质,在完成某种功能后,让这个物质自动消失或者将其移除。

例如,火箭点火后,某些部件上的保护结构在完成其作用后在太空中分解。

(3) 在某一地点集中引入某物质。

如果工程系统中需要引入物质,但现实条件又不允许引入,则可以在需要这个物质的地方集中引入,而不是大面积引入。

例如,病人需要用到某些药物以杀死体内的坏细胞,但这些药在杀死坏细胞的时候,还会杀死好的细胞,从而引入很强的副作用。靶向药物解决了这一问题,它被注入人体后,并不会立即释放,而是移动到某一病变位置后,再集中释放,从而将对人体的危害降至最低。

(4) 引入场。

如果工程系统中需要引入物质,但现实条件又不允许引入,则可以引入场,而不是物质。

例如,一个古代故事中,当罗马人的战船攻打叙拉古城时,战船距离城池较远,古城的投石器无法攻击到敌人,阿基米德让全城妇女老幼手持镜子,排列成一个扇形,利用抛物镜面的聚光作用,把阳光聚集到罗马战船上,让它们燃烧起来。

小 结

如果问题的物场模型是一样的,那么解决方案的物场模型也是一样的,和这个问题来自哪个领域无关。通过对问题模型建立基本的物场模型,根据标准解分类与应用流程、标准解体系,可以得到解决方案的标准解建议模型,从而启发创新,解决技术问题。

标准解是强有力的解决问题的工具,分类众多,含有众多的子类,需要结合问题类别进行系统应用。

习 题

选择题

1. 标准解属于现代 TRIZ 中的( )工具。
   A. 问题识别　　B. 问题解决　　C. 概念验证　　D. 不确定

2. 有问题的物场模型包含（　　）。
   A. 不完整的物场模型　　　　　　B. 有害的物场模型
   C. 有用但不足的物场模型　　　　D. 正常的物场模型
3. 对标准解描述正确的是（　　）。
   A. 标准解是指遇到问题的解是不经分析就可以标准化的解
   B. 标准解是一种概念验证的工具
   C. TRIZ 解决问题时，只能采用标准解解决问题
   D. 标准解可以采用五大类的标准解类别解决问题
4. 复杂的物场模型主要包括是（　　）。
   A. 链式物场模型　　　　　　　　B. 双物场模型
   C. 改变工程系统，使系统不再需要测量　　D. 以上都不是
5. 可以解决有用但不足的物场模型不包括（　　）。
   A. 增强物场模型　　　　　　　　B. 向双系统或多系统转换
   C. 向微观级系统转换　　　　　　D. 拆解物场模型

项目 12 认识工程系统进化趋势

【学习目标】

通过本项目的完成,读者将掌握如下知识和技能:
- 明确系统进化趋势的基本概念与结构;
- 了解典型进化趋势。

任务1　了解系统进化趋势的基本概念与结构

任务描述

工程系统进化趋势是对许多发明专利进行研究后,统计证明的结果,它是工程系统发展的目标和方向。为了解工程系统进化趋势的作用及应用,需要明确工程系统进化趋势的基本概念。

任务实施

阿奇舒勒发现工程系统的进化不是随机的,而是遵循着一定的客观进化模式。工程系统进化趋势是对许多发明专利进行研究后,统计证明的结果。因此,工程系统进化趋势是工程系统发展的目标和方向。该趋势可以描述工程系统如何从一个状态过渡到另一个状态,并在一定程度上适用于所有类别的工程系统。

应用工程系统进化趋势可以预先分析工程系统的潜在进化方向,进行先期的技术开发及布局等,使创新更加具有可预见性,从而降低风险。另外,技术进化趋势也可以帮助分析和解决问题。同时,技术进化趋势也为 TRIZ 中很多工具的建立奠定了良好的基础,例如发明原理中的组合、分割、动态化等,都与技术进化趋势有密切的联系。

基于工程系统的进化历史和世界专利收集分析,产生了众多工程系统进化趋势。但是,不是所有的趋势都是同等重要的,它们具有层次结构:S 曲线进化趋势占据了进化趋势层次结构的最顶层,提高理想度趋势在第二层(见图 12-1)。

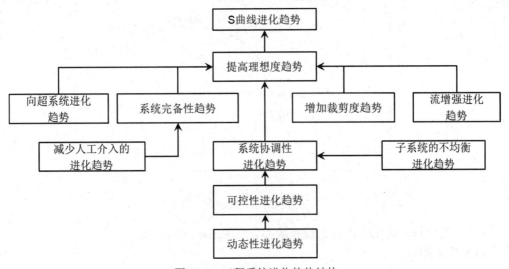

图 12-1 工程系统进化趋势结构

任务 2 了解典型进化趋势

任务描述

众多工程系统进化趋势之间具有一定的层级结构，要弄清层级结构之间的关系首先要理解典型进化趋势的概念及内容。

任务分解

本任务可以分为 4 个子任务：
子任务 1：S 曲线进化趋势；
子任务 2：提高理想度趋势；
子任务 3：向超系统进化趋势；
子任务 4：动态性进化趋势。

任务实施

限于篇幅，以下仅对少量典型的进化趋势进行描述。

1. S 曲线进化趋势

S 曲线进化趋势是一个重要的技术进化趋势。它描述了一个工程系统的主要性能参数，随时间的延续呈现 S 形曲线。工程系统进化的 S 曲线一般遵循婴儿期、成长期、成熟期、衰退期的发展过程。S 曲线进化趋势能够有效预测工程系统的进化阶段。

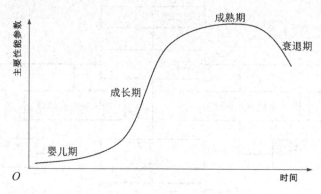

图 12-2　S 曲线进化

在 S 曲线的每个进化阶段，工程系统都会呈现出不同的特点。

（1）婴儿期。

在这个阶段，工程系统刚刚诞生，刚刚能执行它的主要功能。工程系统借用其他工程系统的组件，系统组件之间以及与超系统的相互作用仍有待提高，尚存在着效率低、可靠性差等一系列待解决的问题，技术发展比较缓慢。

例如，最早的苹果电脑 Apple I（见图 12-3），以电视作为显示器。Apple I 的显示功能只能缓慢地每秒显示 60 个字，主要性能有待提高，与之配套的超系统组件没有专门的显示器。这个系统尚处于婴儿期阶段。

图 12-3　苹果电脑 Apple I

（2）成长期。

在成长期，制约系统的主要"瓶颈"问题得到解决，系统的主要性能参数快速提升，工程系统进入一个最具活力和动态性、快速良性循环的高速发展状态。工程系统进入大批量生产阶段，成本降低，盈利前景已经明朗。工程系统不断扩展新的应用领域从而进入细分市场，超系统元素反向来适应工程系统。

1977 年 Apple II 集成了显示器（见图 12-4），是全球首款真正意义上的个人电脑，全球销量突破了百万台。这个系统的性能正处于成长期阶段。

图 12-4　Apple Ⅱ

(3) 成熟期。

到了成熟期，工程系统的发展速度大幅减缓，工程系统达到了其工作原理决定的物理瓶颈。一个或多个矛盾急剧升级，使系统达到某种物理极限，或者受到超系统资源及法律的制约，或者受到心理限制，又或者是成本、有害因素的快速增长等，阻碍了系统性价比的进一步提升。技术性能遭遇到发展瓶颈，所能做的工作主要是进行局部改进和完善、设计超系统组件来适应工程系统、对系统外观进行设计等。

例如，在台式电脑的发展过程中，由于受到 CPU 芯片速度、硬盘存储、体积等因素的限制，台式电脑的技术性能遇到了进一步提升的瓶颈。这时，对工程系统的进一步提升需要付出很大的代价，很多的竞争集中在电脑的外观设计、服务等方面（见图 12-5），系统的技术性能处在成熟期。

图 12-5　台式电脑

(4) 衰退期。

工程系统的进一步发展，更有效的系统已经进化到第二阶段，并且开始迫使原有系统退出市场，同时，超系统的改变减少了对于工程系统的需求。例如，随着数码相机逐步进入市场，曾经热销的柯达胶卷相机很快进入衰退期。

2. 提高理想度趋势

一个工程系统进化趋势总是趋向提高其理想度水平。理想度 I（ideality）等于工程系统所有有用功能之和除以成本与所有有害功能之和，即 $I = \sum F / \sum C$。

要提高工程系统的理想度，可以采用以下策略：

（1）增加工程系统的有用功能并降低成本。

这个策略主要用于工程系统的婴儿期和成长期。例如，功能手机早期只有打电话的功能，逐步增加了发送和接收短信的功能，后来可以听音乐、玩游戏，这个过程中，手机的价格逐步降低。

（2）在不增加成本的条件下增加工程系统的有用功能，或者大量提供工程系统的有用功能，允许成本少量提高，但能使两者比值得到提升。

这个策略主要用于工程系统的成长期。例如，随着智能化和网络化的发展，手机功能进化到集电话、照相机、摄像机、游戏、闹钟、计算器、存储器、App 服务等功能于一体，功能得到快速提升，同时智能手机的价格也得到了提高。

（3）维持功能的同时降低成本，使两者的比值得到提升。这个策略主要用于工程系统的成熟期。例如，功能手机发展到成熟期后，再进一步提升功能将带来成本的大幅提升，同时新的智能手机开始逐步进入市场，挤压了功能手机的市场空间，功能手机开始通过降低价格来获得市场份额。

（4）减少功能的同时大量降低成本，使两者的比值得到提升。这个策略主要用于工程系统的衰退期。

例如，随着智能手机大量进入市场，功能手机开始减少功能，如作为老人手机或者备用手机，仅提供接打电话、发送短信等基本功能，价格特别便宜。

3. 向超系统进化趋势

根据向超系统进化趋势，工程系统在进化发展过程中，当其内部资源耗尽的时候，会与其他系统结合以便继续进化。

例如，传真机、打印机、复印机、扫描机逐渐结合进化成为一个集 4 项功能于一体的办公设备；手机集成了摄像头、指纹解锁、各种传感器、麦克风等，成为一个集成度更高的智能系统。

4. 动态性进化趋势

根据动态性进化趋势，系统会逐渐向更加灵活、更加动态、更具有适应性的方向进化，这一趋势的原理是增加可控性。

例如，一把简单的尺子是具有刻度标示的无法弯曲的尺子，它逐渐进化成为具有多个接点的折叠尺，然后发展成非常具有灵活性的卷尺，再进化成为具有激光装置的尺子。

小　　结

工程系统的进化不是随机的，而是遵循一定的客观进化模式。工程系统进化趋势是对许多发明专利进行研究后统计证明的结果。工程系统进化趋势描述了工程系统发展的目标和方向，通过本项目的学习，我们了解了工程系统进化趋势的作用和典型应用。

习 题

选择题

1. 工程系统进化趋势属于现代 TRIZ 中的（　　）工具。
   A．问题识别　　　　B．问题解决　　C．概念验证　　　D．不确定
2. 不属于工程系统进化趋势的是（　　）。
   A．向超系统进化趋势　　　　　　B．预先作用
   C．提高理想度的进化趋势　　　　D．S 曲线进化趋势
3. 对工程系统进化趋势描述正确的是（　　）。
   A．工程系统进化趋势只能用于分析问题
   B．工程系统进化趋势可以预先分析工程系统的潜在进化方向
   C．工程系统进化趋势只能用于解决问题
   D．工程系统进化趋势已经非常完善，不需要再进一步发展
4. 以下不属于提高理想度策略的是（　　）。
   A．提高功能的同时降低成本　　　B．降低成本
   C．增加少量功能并大量增加成本　D．以上没有

参 考 文 献

[1] 孙永伟，伊克万科. TRIZ：打开创新之门的金钥匙[M]. 北京：科学出版社，2015.
[2] 颜惠庚，赵昊昱. 技术创新方法提高：TRIZ 流程与工具[M]. 北京：化学工业出版社，2012.
[3] 成思源，周金平，郭钟宁. 技术创新方法：TRIZ 理论及应用[M]. 北京：清华大学出版社，2014.
[4] RANTANENK, DOMBE. 简约 TRIZ：面向工程师的发明问题解决原理[M]. 檀润华，曹国忠，江屏，译. 北京：机械工业出版社，2010.
[5] 高常青. TRIZ：发明问题解决理论[M]. 北京：科学出版社，2011.
[6] 阿奇舒勒. 寻找创意 TRIZ 入门[M]. 张娜，李介玉，高海红，译. 北京：科学出版社，2013.
[7] 陈光. 创新思维与方法：TRIZ 的理论与应用[M]. 北京：科学出版社，2011.
[8] 徐起贺，任中普，戚新波. TRIZ 创新理论实用指南[M]. 北京：北京理工大学出版社，2011.
[9] 刘训涛，曹贺，陈国晶. TRIZ 理论及应用[M]. 北京：北京大学出版社，2011.
[10] 潘承怡，姜金刚. TRIZ 理论与创新设计方法[M]. 北京：清华大学出版社，2015.
[11] 蒯苏苏，马履中. TRIZ 理论机械创新设计工程训练教程[M]. 北京：北京大学出版社，2011.
[12] 赵洁，石磊，丁丽娜. 创新思维与 TRIZ 创新方法[M]. 北京：人民邮电出版社，2018.
[13] 赵峰. TRIZ 理论及应用教程[M]. 西安：西北工业大学出版社，2016.
[14] 沈萌红. 创新的方法：TRIZ 理论概述[M]. 北京：北京大学出版社，2011.
[15] 颜惠庚，杜存臣. 技术创新方法实战：TRIZ 训练与应用[M]. 北京：化学工业出版社，2014.
[16] 王亮申，孙峰华. TRIZ 创新理论与应用原理[M]. 北京：科学出版社，2010.
[17] 沈萌红. TRIZ 理论及机械创新实践[M]. 北京：机械工业出版社，2012.
[18] 李梅芳，赵永翔. TRIZ 创新思维与方法：理论及应用[M]. 北京：机械工业出版社，2016.